荻野寿也の「美しい住まいの緑」85のレシピ

01-85
RECIPES
OF
TOSHIYA OGINO

X-Knowledge

はじめに

この本はこれから新しい住まいを手に入れる方々や、住宅設計をされる方々に向けて、庭について改めて考えるきっかけとなることを願って書いたものです。家庭という言葉にもあるように、暮らしの中に庭をつくるということは、安心できる自然を身近に手に入れるということであり、家族や友人と気持ちの良い時間を過ごすことができる居場所を、住宅とともに築くということです。

建築や外構と造園とを分けずに一緒に考えてほしい――これが私の願いです。なにもお金をかけて樹木を植えるだけが造園ではありません。周囲を見渡して、おとなりの庭、その先に見える公園の樹木、遠くの山の稜線、はたまた街路樹でも、緑があれば「いただき！」と思って、窓からの景色に取り込んだり、門まわりに小さな庭をつくり同種の植物を植えて景色をつないだりすることも、立派な造園と言えるでしょう。

生活を営む内部空間と、公共の外部空間をいかにして結ぶか――それを丁寧にしっかりと考え、土地や周辺環境も含めて住宅全体を計画することから、始めてみてください。そしてそこに美しさや色っぽさを付加する粋な演出にも挑戦してほしい。

本書では、造園の形式やセオリーにとらわれず、心地よい住まいの包み方を、庭を受けとめる美しい器としての建築を、みなさんと一緒に考えていきたいと思います。

荻野寿也

※本書では、樹木や草花など植物を総称して「緑」と表現しています

◎目次

1 美しい佇まいをつくる緑の作法

2 緑を楽しむ住まいのプラン

5 庭づくりとお手入れ・メンテナンス

巻末 美しい住まいの植物図鑑 140

編集協力　荻野寿也景観設計／荻野建材

デザイン　川島卓也（川島事務所）
制作協力　金田麦子／長谷川智大

撮影　西川公朗　カバー／p.8-17／p.32三段目／p.46／p.64上
p.65／p.81／p.88-91
池田理寛　p.20中央下・下
杉野　圭　p.22／p.29上／p.32二段目／p.50-51
p.59／p.83／p.97-98／p.100
上田　宏　p.23／p.30-31／p.62／p.109／p.111
小川重雄　p.25／p.61／p.72-73
鳥村鋼一　p.28／p.60
スターリン エルメンドルフ　p.33上
塚本浩史　p.33下／p.44／p.77左下／p.78／p.79上
p.102／p.138／p.141
石井紀久　p.36-37上右／p.92
安田慎一　p.43／p.66-69
岡村享則　p.54／p.56-58
目黒伸宣　p.55
大槻 茂　p.32下段／p.63／p.94-96
矢野紀行　p.70-71
垂水孔士　p.82／p.84下
渡辺慎一　p.84上／p.85
表 恒匡　p.101
Nacasa & Partners　p.53／p.112-116

01-22
RECIPES
OF
TOSHIYA OGINO

1

美しい佇まいをつくる緑の作法

樹木には、住宅を美しく見せる力があります。どんなに完成度の高い建物でも、そこに緑が添えてあるのとないのでは、訪れる人の印象がまったく異なります。85のレシピは、住宅の佇まいと植栽の考え方から始めましょう。

01.

木立のなかに「佇まわせる」

外の景色を楽しむためにつくられた窓際のデイベッド。細い枝ぶりのアカマツと桜を植えて緑越しに琵琶湖を眺める

誰もが耳にしたことがある名建築の多くは、緑と切っても切り離せない関係にあります。ミース・ファン・デル・ローエのファンズワース邸、フィリップ・ジョンソンの自邸、日本では吉村順三の軽井沢の山荘など、どれも木立のなかに佇むように建てられています。なかでも軽井沢の山荘は、大好きな建築のひとつ。自然のなかにひっそりと佇む姿が美しいのはもちろんですが、それだけではなく、この建物は吉村氏が「木の上の鳥になったように暮らしたい」と言ってつくられたこともあり、居住スペースと樹木との距離がとても近いのです。森に向かって跳ね出した2階にリビングが置かれ、窓を開け放つと森の木々が手の届くところに青々と茂り、まるで緑の中に浮いているような感覚にとらわれます。内からも外からも、自然と一体化した理想的な建築です。

造園家の私が言うのもなんですが、植物は人の手を入れず、厳しい自然の中で育った姿が最も美しいと思っています。グランドライン（地表）も、造成するのではなく、長い年月を経て描かれた自然の地形を尊重したい。自然の風景に勝る人工はありません。ですから建物は、自然に遠慮しながら、そこに舞い降りてきたように建つ姿が美しいと思うのです。

そんな考えから、私の造園の基本コンセプトは「建築を木立のなかに佇まわせる」です。屋根にかかるくらいの高木を入れることも少なくありません。屋根よりも高いところにふわーっと緑が茂っている建物を見ると、鎮守の森のように樹木に守られているような安心感を覚えます。

また、建築に対してどこに、どれくらいの高さの木を入れるか。それ次第で、建物の表情は大きく変わってきます。特に水平ラインの美しい建物は、樹木の縦ラインによって引き立たせることができます。高木を入れると建築を小さく控えめに納められるので、全体が美しくまとまるのです。

写真は、建築家・伊礼智さん設計の「琵琶湖湖畔の家」です。この敷地には、もともと3本の桜が植わっていました。樹齢20年くらいのもので、枝が暴れ、葉が茂って鬱蒼としていましたが、枝抜きして透かし剪定すれば、きれいになると分かったので、建主と伊礼さんと相談して「この桜を残そう」ということから、造園計画がスタートしました。敷地には、さらに1本桜を追加し、建物の窓際に引きつけるように植えてバランスを取っています。

また、隣家のお庭がオープンな芝庭だったので、そちらとも景色をつなぐように、芝生がメインとなる庭にしました。もとは平らな造成地でしたが、山のなだらかな稜線をイメージし、芝生のマウンドをあちこちに盛っています。無機質なコンクリート舗装をできるだけ減らすため、車が通る部分は植生用ブロックを使用しました。

この家は外からも部屋からも車が見えないように駐車場が設計されているため、住宅街でありながら、美しい自然のなかに佇む住まいになりました。

北側道路から見た琵琶湖湖畔の家。手前の桜はもともと植わっていたもの。芝生のマウンドで動きをつけている

02.

その土地の自然の姿を描く

琵琶湖湖畔の家は、その名のとおり琵琶湖がすぐそばにあり、敷地からも湖を望むことができます。湖沿いにはマツの防風林がずっと先まで植えられ、豊かな景色が遠くまで続く、とても恵まれた環境でした。しかし、敷地の前には手入れされていないアカマツが鬱蒼としており、竹も生えていて、敷地から湖面が見えませんでした。

自治会の方を訪ねて状況をうかがうと、松林の景観を守るために種子からマツを育て、さらに下草のハマゴウやハマエンドウの自生地も保護しているといいます。また、この地域はウィンドサーフィンのメッカになるほど強い北風が吹くため、マツが果たす防風林

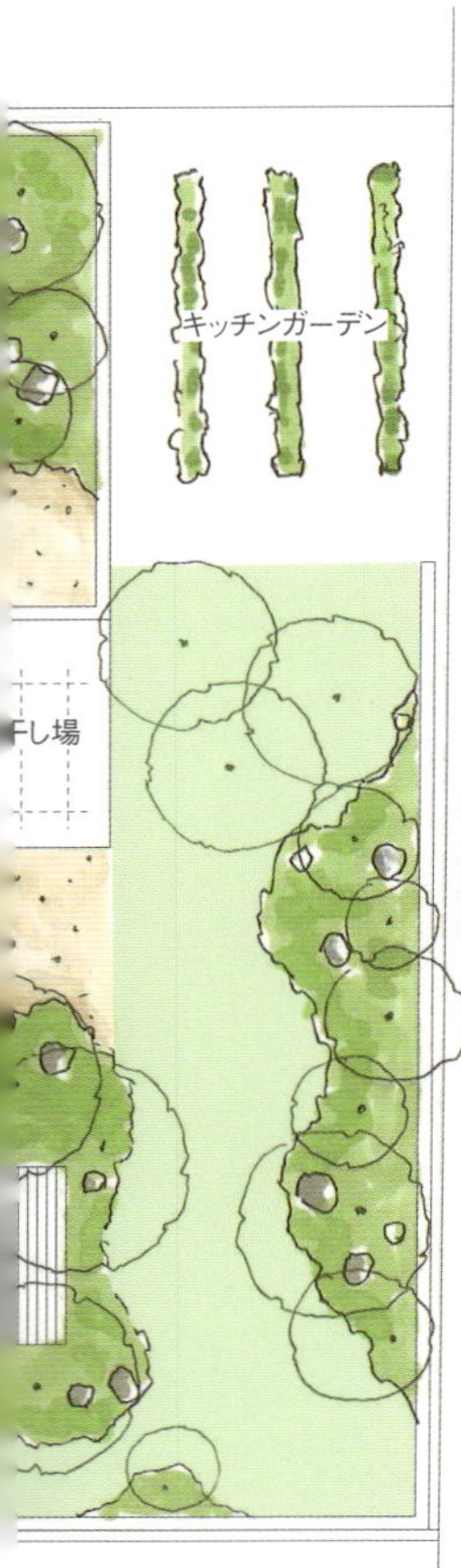

南側の庭には、ブルーベリーやワイルドストロベリー、ジューンベリーなど食べられる実のなる木をたくさん入れている。木は合計50本ほどを植えた

としての役目は大きく、伐採はもちろんのこと剪定も許してもらえそうもありませんでした。せっかく目の前に広がる豊かな風景を諦めるなんて……もったいない！

そこで自治会長に掛け合って、防風林としての機能を残しつつ、下枝を剪定する代わりに、敷地内にアカマツとハマゴウを植えて松林の風景を守り、つなぐことを提案しました。これには自治会長も賛同し、喜んで許可してくれたのです。そのおかげで敷地からは湖面が望めるようになり、美しい琵琶湖と松林の風景が庭先までつながりました。

竣工時の琵琶湖湖畔の家。手前の桜が咲き、少しずつ庭と建物が馴染んでいく。3本のアカマツがあることで、敷地に奥行をもたせている

◎出てきた石で塀をつくる

大阪から特急のサンダーバードに乗って北陸方面に向かうと滋賀のあたりで、車窓から右手に琵琶湖の水の風景、左手に素朴な石垣の段々畑の風景が続きます。それが頭の片隅に残っていたのか、現場で土を掘ったときに石がゴロゴロ出てきたのを見て、石積みの塀を造ったらどうかと思いついたのです。当初はコンクリート塀を左官で仕上げる計画でしたが、その場ですぐに伊礼さんに電話して「石積みの塀に変更してはどうか」と提案しました。建主も伊礼さんも快諾してくれたので、早速、石工に石を積んでもらいました。

ちなみに、前庭の塀は当初母屋のそばに1つの予定でしたが、離れのそばの浄化槽が思った以上に目立っていたこともあり、それを隠すために、これまた現場から塀を入れてはどうかと提案したところ、伊礼さんが即興で図面を描いてくれて、もう1つ石塀を追加することになりました。高さは1200㎜ほどと低めに抑えていますが、佇まいに安定感をもたらす効果も得られたように思います。

西側から敷地を見る。建物のそばにソメイヨシノを新たに植え、足元にはカネコゲンカイツツジを入れている

石垣の作り方

①石はモルタルとの接着をよくするために、表面の汚れやゴミをあらかじめ取り除いておく

↓

②基礎コンクリートを打設

↓

③鉄筋（13㎜）を150㎜ピッチで組み立てる

↓

④1段ずつ表裏両面に積みながら隙間をモルタルで埋める

↓

⑤石は単調にならないように形に変化をつけ、大小織り交ぜながら積んでいく

↓

⑥天端の石は、水平になるよう面を揃える

琵琶湖湖畔の家（滋賀）

設計：伊礼智設計室
施工：谷口工務店
敷地面積：463.27㎡
建築面積：105.89㎡

風景に溶け込むように

日本では、宅地開発となると、樹木は1本も残さず撤去され、一様にコンクリート擁壁に囲まれたひな壇造成が行われます。そしてどの住戸も、コンクリートで固めた駐車場にアルミのカーポートと門扉が取り付けられている。なんとも無個性で殺風景な町並みを見ると悲しくなります。

私にとって造園とは、そんな町を森に戻していく作業――日本の原風景を取り戻す仕事だと思っています。ですから、その地域で生息する木や遠方の山に見える木を持ってきて植え、その土地の自然の姿を再現するように庭をつくっていきます。琵琶湖畔の家は、庭というよりも、風景をつくる仕事だったと思います。

下田の家西側外観。窓のそばに緑がかかるように高木を植えている

03.

植栽計画は立面図を見て

町から住まいがどう見えるか、道行く人にどんなメッセージを送るのか——住宅は町並みの一部であり、佇まいが周囲に与える影響の大きいものですから、地域やご近所にとっても好ましい外観にしたいものです。そこで植栽計画を立てるときには、必ず立面図を見せてもらうようにしています。そして住宅が美しくみえる緑の配置を検討し、全体の植栽イメージをつくりあげていきます。

また植栽計画では、町や隣家からの見え方だけでなく、家の中からの見え方も大事ですから、立面図では窓の位置もチェックします。このように外から内から、どのように見えているかを考え、緑を入れていく。こうして立面から木の高さと形が決まっていき、「木立に佇む建築」に近づけていくのです。

伊礼智さん設計の「下田の家」が建つ滋賀県湖南市の下田という土地は、まだアカマツの原生林が残っていることもあり、植栽にもアカマツを積極的に使っています。敷地は特に西日が強いところだったので、日射をやわらげるためにも日照に耐えるアカマツは適しており、そのほかアオダモ・コナラも入れました。

また、ゆるやかに傾斜した土地だったため、通常であれば擁壁を立ち上げてグランドラインを上げるところを、西面の一部は石と植物を使って土留めして、もともとそうあったであろう地形(グランドライン)を再現しています。

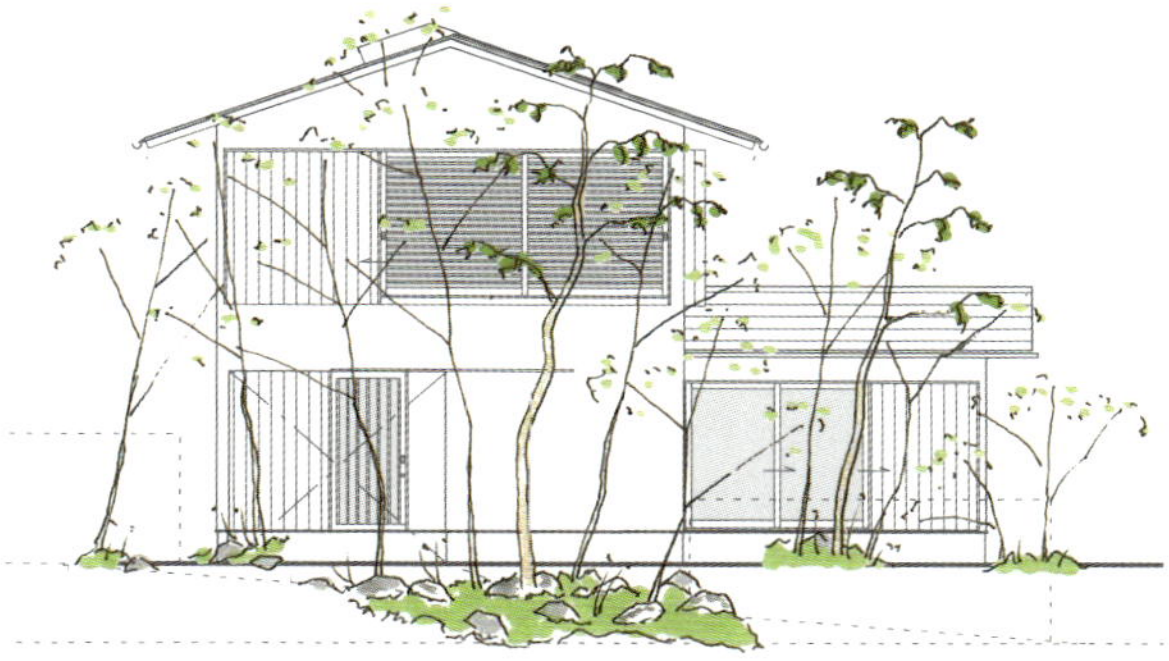

西側

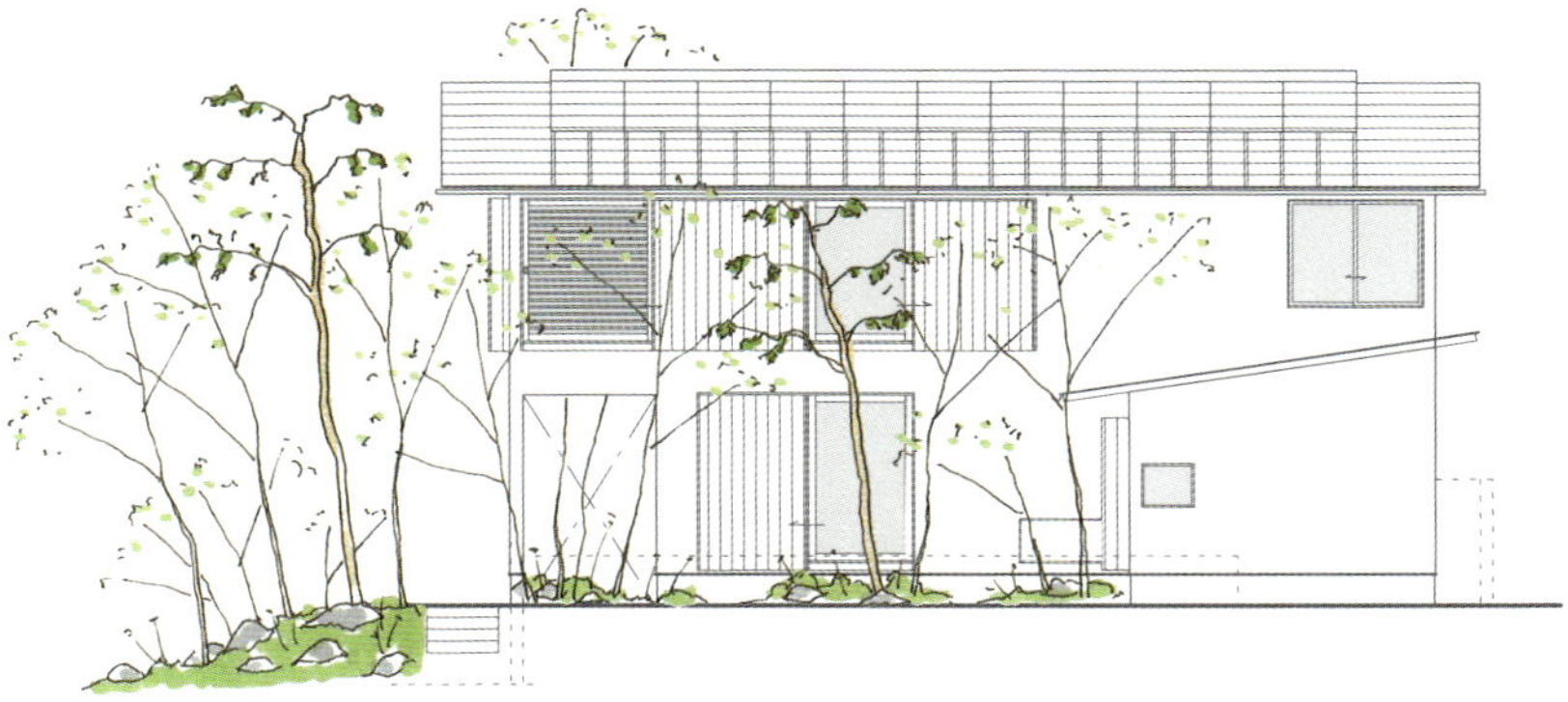

南側

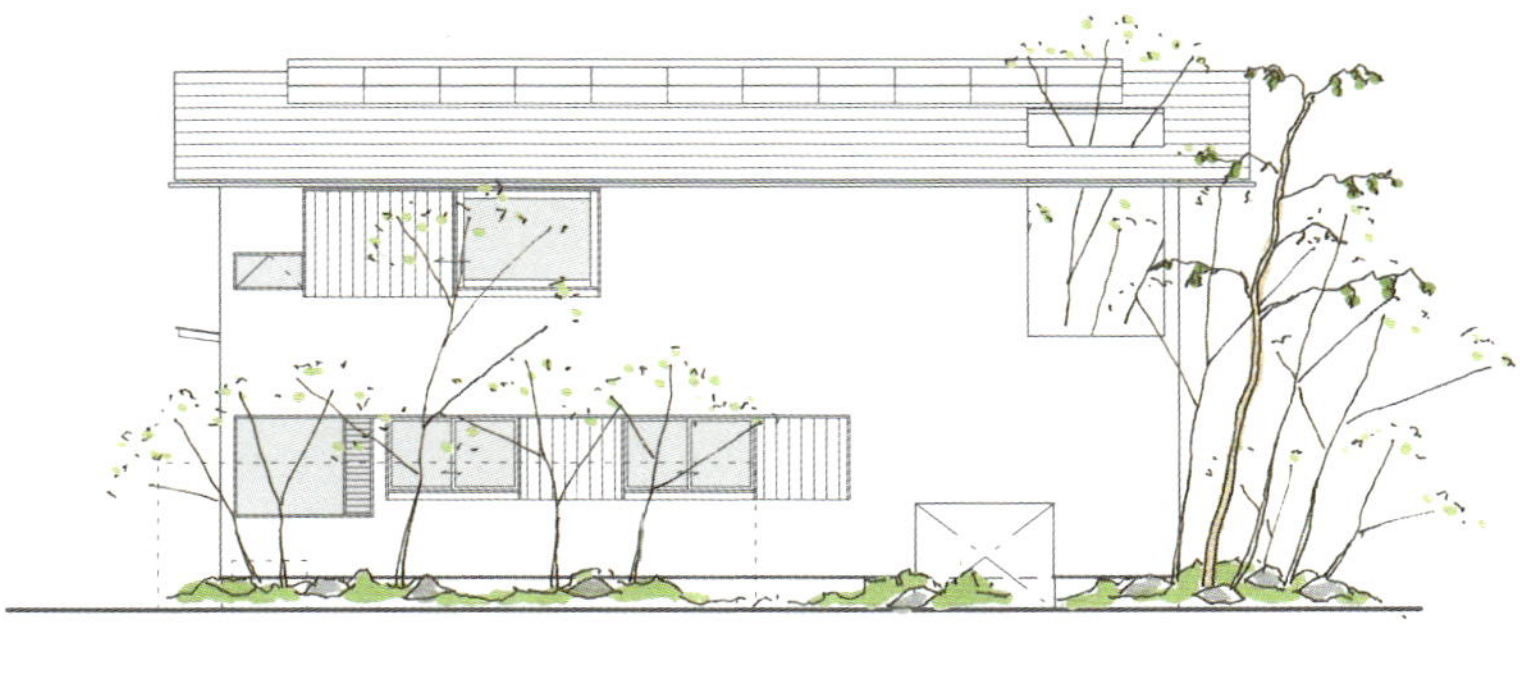

北側

下田の家（滋賀）

設計：伊礼智設計室
施工：谷口工務店
敷地面積：194.90㎡
建築面積：75.18㎡

① ハウチワカエデ
② ヤマボウシ
③ アカマツ
④ ハナミズキ
⑤ アオダモ
⑥ ナンジャモンジャ

S＝1：200

04.

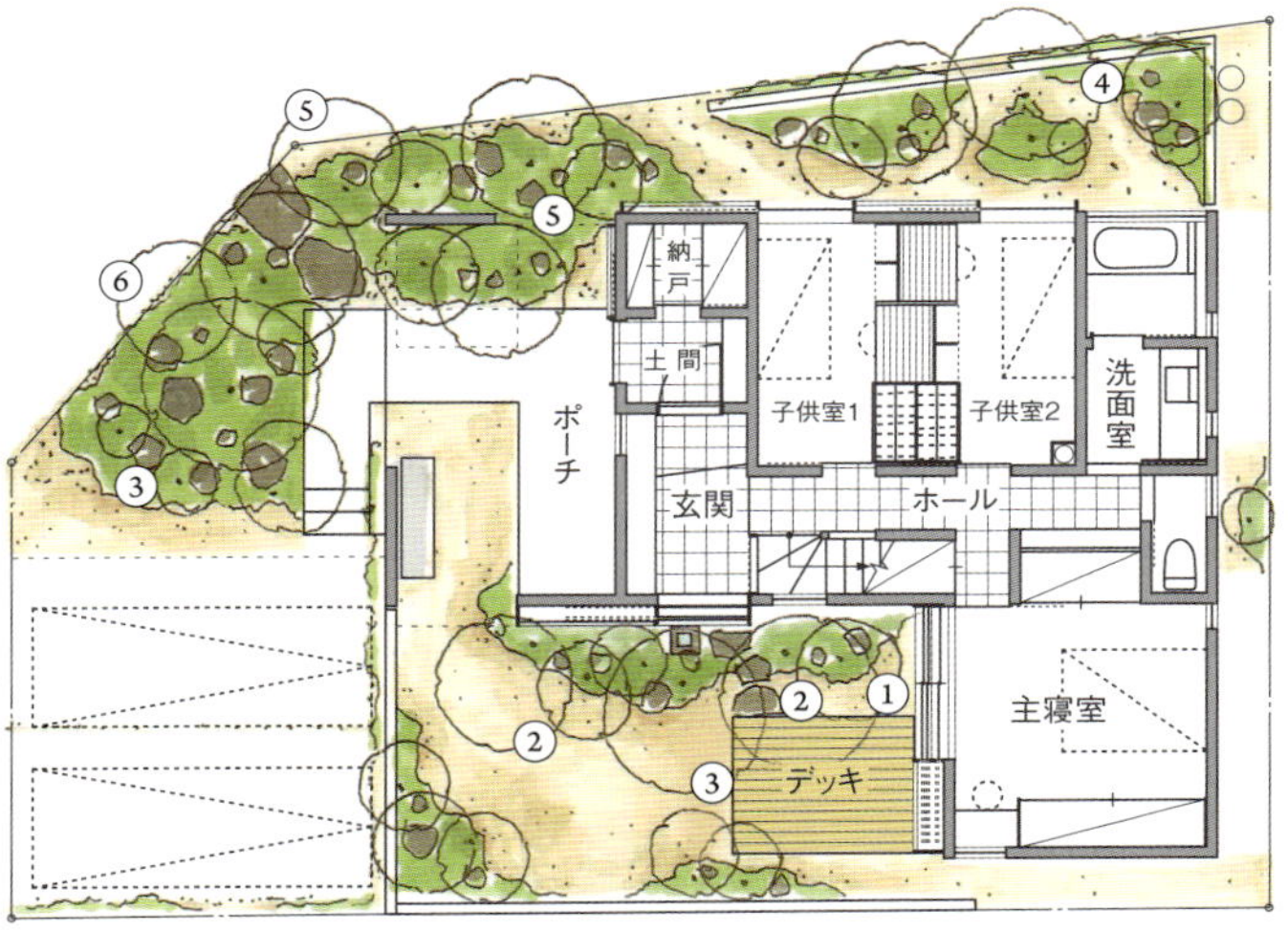

建物に近づけて木を植える

植栽は、思い切って建築に近づけて植えることがポイントです。そうすることで建築と庭を一体化させることができます。特に建築の出隅や入隅にポンと差すように木を入れ込むと、まるでその木を避けて建築がつくられたように見えるので、私は好んでこの手法を使います。理想は、もともとそこに木があって、その木に合わせて家をつくったように見えること。「え、これ植えたの？」と言われたら成功です（笑）。

また、窓に近づけることで西日を遮り、涼しい風を室内に取り込むことができます。落葉樹なら冬は幹枝だけになるので日を取り入れられますし、快適な空間づくりとは相性がよいものが多いのです。

ただし、何でもかんでも建築の近くに植えてよいわけではありません。枝葉が建物を覆ったり、根の張り方によっては建物を傷めたりしてしまうので、樹木の成長に合わせて寄せ幅を検討します。最近はベタ基礎なので危険性が少ないのですが、布基礎の場合は、根による割れや浮きなどがのリスクを考慮し、少し距離をとって植え、根の繁殖が激しい樹種を避けるようにします。

私がよく使うアオダモ（高木）は成長が遅いので近づけやすいです。このほかの木でも、葉数を増やさないように手入れして、透かし剪定（136ページ）や根切り（根の先端を切り、木の成長・勢いを抑えること）などによって、ある程度成長をコントロールできます。ただし、あまりにも成長が早いものは避けたほうがよいでしょう。たとえばケヤキは、20〜30年で基礎から建築を起こしてしまうほどの大きさになります。敷地が40坪程度の住宅には入れてはいけない木といえます。常緑樹では、日本の在来種でゆっくりと成長するソヨゴなどがおすすめです。

そっと住まいに
寄り添う
色っぽい緑を

1階寝室から窓の外を眺めた様子。アカマツ、ヤマボウシ、コハウチワカエデの幹が連なり、開口部の間近に迫る

05.

建築という器に庭を生ける

花を生けるには器が大事です。それと同じように、庭にとって植物を植える建築や外構がとても重要になってきます。庭の背景となる外壁や塀次第で、庭の見え方が変わってきますし、壁が庭という絵のキャンバスになり、植物が美しく映えるのです。

また、植物を入れる位置と高さには特に気を使っています。設計段階から、立面図をつくり建物のバランスを見て考えていきます。たとえば、出隅や入隅には高さのあるものを入れたり、横に長い建物であれば、中心ではなく、3対7や6対4のところに主木を入れたりします。しかし、最も入れたいところに、植栽スペースが確保されていないということがよくあります。駐車場やアプローチ、テラスやウッドデッ

駐車場、アプローチ、余白が絶妙なバランスで構成され、植栽が生きる外構となっている。高さ2100㎜のRC壁とエントランスの庇によって正面からは建物が見えない

キ、土間、軒・庇といったものとの取り合いがうまくいっておらず、ほしいところに植栽ができないことが少なくありません。そこを設計の段階から考えていけると、植物の美しさを活かせる庭がつくれると思います。

積水ハウスの「浜松の家」は、外構計画から相談いただきました。プライバシーの確保が条件だったため、エントランスに2枚の壁と庇をつくる提案をしました。庇は、駐車したときにちょうどトランクの上にかかる程度で、雨が降ったときには庇の下で荷物を取り出すことができます。RC壁を挟んで外庭と中庭の植栽が一体となり、深みのある佇まいをつくっています。

浜松の家（静岡）

設計：積水ハウス
施工：積水ハウス
敷地面積：426.88㎡
建築面積：130.75㎡

道路から玄関までアプローチを長くとり、エントランスをくぐると豊かな庭が広がる構成となっており、玄関にたどり着くまで来訪者が緑を楽しめるようになっている

06.

緑の量は多すぎず、少なすぎず

・BEFORE・

・AFTER・

樹木がどのくらいあるかで、住宅の見え方はまったく違ってきます。1本だけポツンと植えられたシンボルツリーだけでは殺風景ですし、日本庭園のように立派につくり込んでも、現代の家には合わないように思います。

緑の量は多すぎず少なすぎず、バランスが大切。植物は密集しているよりも、抜けがあるほうが、枝が風に揺れたり、木漏れ日が差したり、気持ちのよいことがたくさん起こります。だから間や余白をとりながら植えるようにします。ポイントは、平面でも立面でも不等辺三角形を描くように植物を配置していくこと。反対に避けたいのは列植。均等に同じ木が並ぶ姿は、日本の町並みと合わないように思います。

安藤工務店の新社屋は、住宅街の中にあえて建物を小さくつくり、奥に配置することで前面に庭をつくるスペースが確保されていました。そこで建物を包むように樹木を植え、アプローチから室内まで緑が誘導するような植栽にしました。簡素で素朴な建物が自然と一体になり、豊かな佇まいを生み出していることが分かるでしょう?

不等辺三角形を描くように

安藤工務店社屋（岡山）

設計：安藤工務店
施工：安藤工務店
敷地面積：235.49㎡
建築面積：36.5㎡

樹木は、不等辺三角形を描くように配置していく。樹木の高さや緑の量も変化をつけながら、木立をつくっていく

07.

高さの違う木を組み合わせて立体的に

視線を地面から空まで導く断面的な植物配置
高木
中木
低木
グランドカバー

① アオハダ（花期5～6月）
② ミツバツツジ（花期5月中旬～6月）
③ イロハモミジ（花期4月中旬～5月上旬）
④ ハイノキ（花期5月）
⑤ オオデマリ（花期5月初旬～6月中旬）

1畳にも5本を植えられる

植栽は基本的に、高木、中木、低木、下草（グランドカバー）で構成されています。高木は2階からの目線、中木は1階もしくは地上を歩いているときの目線、低木は座ったときの目線、そして足下のグランドカバー。これらの高さが異なる複数の植物を組み合わせていくことで、全体が立体的になります。

また、広いスペースがないと植栽はできないと思っていませんか？　そんなことはありません。1畳ほどのスペースがあれば、5本の樹木を入れることができます。葉や花の種類にバラエティをもたせ、開花の時期をずらして樹種を選べば、1年中、花が咲いたり、紅葉したり変化を楽しむことができます。冬は足元に置いた手水鉢にツバキなどの花を浮かべてみるのもよいでしょう。

スペースがないからといって、きれいな株立ちの木を1本植えても、1種類の花が一定期間に咲いて終わってしまいます。緩やかに変化が続いていくほうが自然で、楽しくないですか？　わずか1畳の小さな庭でも、これだけのことができると思うと、可能性が広がります。

08.

植栽にも引き際がある

建築家・田頭健司さん設計の「高原の家Ⅱ」の外観。わずか1畳の植栽スペースに、アオダモ（主軸）を入れ、ヤマボウシ、モミジ、ミツマタを組み合わせて合計5本の木が植えられている。夏には葉が茂り、冬とは異なる佇まいになる

生け花のように主軸を決めて

建築の設計には、シンプルにまとめるための引き算があります。不要な線を消していき、より端正に美しく納めていく。

一方、造園というのは、足し算が基本になります。樹木を一本二本と足していく。生け花に投げ入れという方法がありますが、造園も建築を花器に見立てて、同じように樹木を入れていくのです。そうして「もうここでやめよう。このくらいが一番美しい」というタイミングでストップします。引き際があるのです。樹木も草花も植えながら、どこでやめるかということを考えるんですね。

具体的にいうと、まずは主軸となる木を決めて、それに対して中低木を足していきます。生け花でいう「体」「用」「留」「添」の考え方と同じです。主軸となる木は、上に伸びた直線的な木でもよいですが、私は小枝が横に張った熟成した木も入れるようにしています。高木は光に向かって育つ姿が美しいので、曲がっている木のほうが自然に見えるので美しく仕上がります。

また、高木は、ゆっくり成長する樹種を選ぶようにしています。木の下が暗くならないように、葉色が薄くて光を透過する落葉樹がいいですね。秋には紅葉し、冬になると葉が落ちる――。緑越しに見え隠れしていた建物が、落葉することで全貌を見せる…季節によって建物の見え方が変わるなんてドラマッチックですよね。

09.

生命力が伝わる樹形を選ぶ

樹形は真っすぐでも片流れでもよいのですが、森のなかで成長を競いあっているさまが生き生きと美しいので、それを再現するように選んでいます。たとえば、高木があったら、その下の木は光を求め、横に枝葉を張っていく。光を得るために、さまざまな木が入り組んで、自然とポジションが決まっていく——そんな様子ですね。そのため木は、農園で苗から育てたものだけでなく、なるべく野山に近い環境で育ったものを使うようにしています。

　ただし、木の種類は場所に合わせて選ばなければなりません。自然のなかで雑木は乱立しているから、互いに影になることが多い。だから、半日陰を好むモミジのような木もあるし、日照を好まない木も少なくありません。西日に耐えるためには、日照を好む木を使います。

　また、同じ木でも、どこで育ったかで性質が大きく違います。暗い北斜面の山中で育った木、明るい南の空地で育った木、尾根で育った木、谷で育った木……。谷で育った木は水をたくさんほしがるので、一般住宅にはあまり適しません。このように山採りするときは、山全体を見て選びます。モミジなら、水が少なくても平気な尾根筋のものがいいですね。耐え忍んだ木って、かっこいい姿をしています。生命力が伝わってくるというんでしょうか。盆栽がそうでしょう？　樹齢100年のマツなどは、小さくても耐えて育った美しさが人を惹きつけるのです。

　こうした生命力を感じさせる樹形は、冬がまたいい。葉が落ちた後、その美しい樹形が、——長谷川等伯の松林図や菱田春草の落葉のような——水墨画の景色を描き、侘び寂びを味わうことも、冬の庭の楽しみとなるでしょう。

建築家・前田圭介さん設計の「ここちComfort Gallery 器」のアプローチ。舗装材に草デン土という自然の土に近い材料が使用され、板張りの外壁や木製アーチと馴染んでいる。アプローチに植栽をどう絡ませるか、現地で前田さんと話し合い、アプローチの要所要所に樹木を植えるスポットをつくっていただいた

10.

外庭で町に緑のお裾分け

戸建住宅の造園計画では、塀を少しだけセットバックし、そこに木を植えて「外庭」をつくることがあります。敷地に余裕がない場合でも、アプローチや門廻りに植物を植えたり、通りからも奥の庭の緑が楽しめるように塀の高さを抑えたり、壁ではなく格子やルーバーにしたり、工夫します。町にご近所に、緑のお裾分け。どの家もそのように町に緑を提供したら、町並みがどんどん豊かになると思いませんか?

また、花が咲く、実がなる、蝶が来るといった現象によって、ご近所や通りがかりの人々と会話が生まれるもの

です。外庭は、町のコミュニティを取り戻す力も秘めていると思うのです。

　建築家・横内敏人さん設計の「内庭・外庭の家」には、道路に面した外庭があります。ここでは、建物の基礎を高くしていただいたことで、狭いスペースに立体的な築山をつくることができました。植物をふんだんに植え、斜面は石で留めています。築山にすると、植物をより近くに見ることができるので、道行く人もきっと楽しんでもらえるにちがいありません。実や花をつけるものを入れて、季節を感じてもらえる工夫もしています。

　この家の奥さまは、朝夕に水やりのために外に出ては、道行く人に「おはようございます」「お帰りなさい」と声をかけたりして、交流を楽しんでおられるそうです。ご近所と仲良くなる――これが外庭の本当の目的だと思っています。

内庭・外庭の家（大阪）

設計：横内敏人建築設計事務所
施工：コアー建築工房
敷地面積：328.65㎡
建築面積：177.91㎡

※平面図は73ページに掲載

南東側外観。高木はアオダモとモミジを植えて、シンプルなファサードに木の影を映し出している。低木はフェイジョア、ブルーベリーなど実のなる木を入れて、通りに彩りを添えている

世田谷区Ｙ邸（東京）

設計：彦根建築設計事務所／彦根明
施工：渡邊技建
敷地面積：164.24㎡
建築面積：104.34㎡

高い壁に呼応するように植栽は、背の高いアオダモ、コハウチワカエデなどを植え、窓に枝葉がかかるように配置しました。夏には、ノリウツギの花が路地を彩る

11.

緑が増えると町の姿も変わる

外庭にでは、もう一つご紹介したい例があります。彦根明さん設計の「Ｙ邸」です。住宅密集地に建つこの家は、公道の小さな階段が隣接しており、外庭と一緒に階段脇も植栽したらどうかと提案しました。Ｙさんも彦根さんも喜んで承諾してくださり、早速、区役所に問い合わせたところ、担当の方も柔軟に受け入れてくれて、外庭と一体になった公道の緑化が実現しました。何かあったら、すぐに撤去するという約束ですが、Ｙさん、彦根さん、区役所の方の「町をよくしていこう」という想いが重なって実現できたことを嬉しく思います。

コンクリートの塀を立てる代わりに外庭で町に緑を提供

12.

総社の家（岡山）

設計：積水ハウス倉敷支店／尾山宏司
施工：積水ハウス
敷地面積：602.22㎡
建築面積：187.66㎡

エントランスガーデンに置いたベンチは、子どもたちが集団登校の際の待ち合わせ場所に使っているなど、すっかり町に溶け込んでいる

街角に
小さな幸せの
風景を

外庭ベンチは憩いの場

エントランスガーデンにベンチを置くことがあります。座るところがあると、まずは好奇心旺盛な子供たちが来て座ります。じきに大人たちもやってきて座りだし、交流が生まれます。

昔、お年寄りが縁側で将棋をしていたり、夏場に外で夕涼みをしたりしていた日本の風景を復活させたいという想いがあります。表に人が座っているだけで、防犯にもなると思うんですよね。だから、近所の人や通りがかりの人に「どうぞお座りになってください」というように外向きにしてベンチを置くようにしています。コミュニケーションのツールとしても、落ち着く場所としてもベンチっていいのですよ。

13.

インターホンから玄関までの距離

門廻りでは、インターホンを設置する場所も、すごく気にします。たとえば旗竿敷地だったら、敷地のはじまりのところにサインと一緒にインターホンを仕込みます。客人がピンポーンと鳴らして、家の人が「どうぞお入りください」と言う。そこから客人は玄関まで幾分時間をかけて歩く。その間に家の人は玄関に移動し、ドアを開けて客人を迎えることができる。つまりインターホンから玄関までの時間（距離）というのは、キッチンやリビングにあるインターホンに応えてから、少し身支度を整えて玄関まで移動する時間と考えることができます。

アプローチを歩ききった玄関先にインターホンがあったら、迎えるまでに客人を待たしてしまうでしょう？ 慌ててドアを開ければ、ぶつけてしまうかもしれません。

便利だからといって、道路からすぐに玄関に着いてしまうのでは、味気がありませんから、たとえ狭小地であっても、できるだけアプローチの距離をとるように考えてほしいと思います。どうしても距離がとれない場合には、門と玄関ドアの向きを並行にせず、門から玄関ドアが丸見えにならないようにドアの向きを変えたり、壁を立てたりするとよいでしょう。さらに私は、ベンチを置くようにしています。コートを脱いだりするときに手荷物を置くこともできるので便利です。

あるいは「すぐ参りますので、お座りになってお待ちください」と言って、お客さんに座って待ってもらうのもよいでしょう。ベンチのそばに小さな庭をつくっておけば、待っている間も退屈しません。そんなときには、あえてゆっくり出て行って、庭を楽しんでもらったらよいと思います。

成城の家（東京）

設計：遊空間設計室
施工：渡邊技建
敷地面積：235.74㎡
建築面積：93.76㎡

T字路の突き当たりになる玄関先に、花の咲く樹木を選んで、通り行く人が遠くからでも緑を楽しめる門廻りに仕立てた。気軽に腰掛けてもらえるようベンチを置いたこともあり、近所の方には「ありがとう」と声をかけていただいた。玄関を開けると通りから流れてくる風に乗って、部屋によい香りが広がるように風上に香りのよいジンチョウゲを植えた

14.
さりげなく緑の目地を入れる

アプローチや駐車場に敷かれたブロックとブロックの間など、ちょっとしたスリットに植物を入れるだけで雰囲気が大きく変わります。よくリュウノヒゲがぎっしりと植えられているのを見ますが、私はたくさんの種類の植物を使います。地面に余白を残しながら、かわいらしい花や香るものを入れれば、アプローチは歩くだけで楽しい場所に変わります。

ユリやチューリップなどの球根類も面白いですよ。土のなかにいくつか埋めておくと、春になったある日、ポコポコと一斉に芽が出てくる。「あのおっちゃんが、こんなかわいらしいものを仕込んでおったんか」って思ってもらえたら最高。造園屋からのサプライズです（笑）。

田頭健司さん設計のＦ邸では、石張りのアプローチの脇にフッキソウ、ベニシダ、トキワホウチャクソウなどを植えて緑を添え、部分的にクリーピングタイムを入れてアプローチに香りをプラス

15.
モダンに見せるアプローチ

アプローチの素材は、建物に合わせつつ、安全性（すべらないもの）と耐久性（腐らないもの）のあるものを選びます。雨水の浸透性がある舗装材などもよいと思います。

私は、タイルや石を使うこともありますが、基礎と一体化させたコンクリートのアプローチを好んでつくります。色をできるだけ減らすことで、緑が映える美しいエントランスになるからです。その場合は、基礎工事のときにアプローチも一緒にコンクリートでつくってもらいます。ベガハウスのくるみの家では、基礎天端を持ち出して（片持ち梁）、キャンチレバーのベンチをつくってもらったことがあります。このときコンクリートの見えがかりを薄くテーパー処理して、コンクリートながらすっきり美しい水平ラインを描き、建物の足元を軽やかに見せています。

くるみの家（鹿児島）

設計：ベガハウス
施工：ベガハウス
敷地面積：153.00㎡
建築面積：65.00㎡

16.

アプローチを色っぽく

その先の住まいにワクワクしながら進む

アトリエビスクドール（大阪）

設計：UID／前田圭介
施工：西友建設
敷地面積：328.16㎡
建築面積：151.25㎡

建物にどのように近づいていくか―、魅力的な佇まいをつくるためには、アプローチのつくり方がとても重要です。私が好きな建築の一つに、京都の大徳寺高桐院がありますが、そのアプローチがとてもよいのです。門を入ると青々とした苔に抱かれた参道が続き、両脇にはこぼれ種でついたモミジが葉を茂らせています。その先にあるまだ見ぬ建築へ期待を膨らませながら、長いアプローチを進んでいくと、ぱっと簡素だけれども美しい庭が現れる。苔はしっかり手入れされ、決して過剰じゃなく、日本らしい自然の美しさがここには表現されているのです。紅葉の時期が有名ですが、ぜひ新緑のときに訪れてみてください。

高桐院の参道でなくても、住まいのアプローチは、客人をもてなす最初の場所でもあるので、少し遠回りにしてワクワクさせるような、好奇心を掻き立てるようなつくりにして玄関まで導きたいものです。

アプローチを歩きながら、緑の向こうにだんだんと建物が姿を現してくる、なんて楽しいと思いませんか。

写真は、前田圭介さん設計の「アトリエビスクドール」。前田さんとご一緒した初めての仕事です。塀を浮遊させ、町に緑を提供したいという前田さんの計画に対して、その白い帯を器に見立て、水平ラインを引き立てるように、高く突き抜ける植栽を行いました。入口には、「ここからお入りください」というアイキャッチの意味も込めて、背の高いヤマモミジとコハウチワカエデを植えました。

敷地奥の玄関まで続く長いアプローチには、コナラやヤマツツジ（中木）、ミツバツツジ（低木）など高さの異なる木を植え、来訪者が目で楽しめるように意識しています。薄く白いスチールプレートのアプローチは、緑とのコントラストが美しく、緑の中に描く曲線が色っぽくもあり、歩く人を楽しませるおもてなしの心が表れています。

17.

車を美しく納める

モデルハウス CLOTH
（徳島）

設計：誉建設
施工：誉建設
敷地面積：237.46㎡
建築面積：108.11㎡

高原の家Ⅱ（大阪）

設計：田頭健司建築研究所
施工：公正建設
敷地面積：234.49㎡
建築面積：92.47㎡

南与野の家（埼玉）

設計：伊礼智設計室
施工：自然と住まい研究所
敷地面積：157.74㎡
建築面積：86.63㎡

House M（大阪）

設計：彦根建築設計事務所
／彦根明
施工：じょぶ
敷地面積：534.83㎡
建築面積：293.56㎡

※平面図は95ページに掲載

駐車場にアルミのカーポートが、これ見よがしに設置されてしまうとせっかくの住まいの佇まいが台無しです。だからと言って駐車場を奥に隠してつくるわけにもいかないので、悩ましい。

できれば駐車場は、建物と一体にしてほしいというのが私の希望です。車から雨に濡れずに家に入れる動線も確保できれば、利便性も増します。ビルドインが難しい場合は、カーポートの屋根を建物と一体化させたデザインでつくるのがよいと思います。誉建設さんのモデルハウス「CLOTH」は、鉄骨で軽やかなデザインのカーポートをつくり、一体化させています。

田頭健司さんの「高原の家Ⅱ」は、木造2階建てですが、外構の壁をRCで起こしてハイパーグレーチングを入れ、中のカーポートを上手に隠し、外観をスッキリまとめています。また、伊礼智さんの「南与野の家」は、ビルトインガレージに木製の格子戸を使用し、道路から緑がちらちら見えてなんともさわやか。彦根明さんの「HOUSE M」も、シャッター付きのガレージを通り抜けた先に中庭があり、シャッターを開けておくと道路から中庭の緑がよく見えます。

18.

駐車場を庭に取り込む

岡本桜坂の家2（兵庫）

設計：Y's design 建築設計室
施工：加藤組
敷地面積：278.55㎡
建築面積：82.27㎡

車が常駐するため、芝ではなくカートブロックと砂利を組み合わせた。板張りと細い格子が特徴の外観に馴染んでいる

敷地の余白、つまり庭となる部分の大半を占める駐車場を、美しくつくるというのは簡単ではありません。車2台分ともなると、コンクリートが地面を覆い尽くしてしまい、なんとも殺風景な印象になってしまいます。

本来、雨は地面に浸透するのが自然ですが、今はなんでもかんでも舗装して排水溝に流すというやり方ですから、大雨のときなんかは溢れてしまうこともある。それを防ぐためにも、雨は大地へというのが私の考え。緑地面積をできるだけ増やしたいのです。駐車場は、コンクリートの洗い出しにすることが多いですが、緑の目地を入れて雨水の逃げ道をつくります。

最近気に入っているのが、コンクリートブロックと芝の組合せで仕上げる方法。具体的には、ゴルフ場のカートブロックを再利用したり、ブロックの凹みに芝を植える「植生用ブロック」を活用します。シンプルなデザインで、駐車場も庭のように見せることができるのでおすすめです。

注意点は、上に車が停まりっぱなしだと、エンジンの熱による焼けや蒸れ、日照不足で芝が枯れてしまいます。とはいえ、来客が2〜3日駐車する程度なら大丈夫ですし、人や車の出入りがあると芝生の刈り込み回数が減るので、実はお手入れも楽になるんですよ。芝が伸びてきたら、ブロックの上から芝刈り機でをかけることができます。刈り込み高さを2cmくらいに調整すると上手くいきます。

下山梨の家（静岡）

設計：扇建築工房
施工：扇建築工房
敷地面積：243.00㎡
建築面積：98.11㎡

下山梨の家は、車の前方のみ屋根の下に納める駐車場のつくりとなっている。そこで屋根の下は砂利を敷き、陽の当たる場所には植生ブロックの間に芝を植えた

◎駐車場の工夫で豊かな町並みに

キッチンからのビューが最も美しい眺めとなるように、平面図から植栽計画を進めている

CASE STUDY HOUSE・
三田の庭（兵庫）

設計：ミサワホーム近畿／宮脇誠治
施工：ミサワホーム近畿
敷地面積：269.34㎡〜294.44㎡
建築面積：117.78㎡〜128.88㎡

フロントガーデンを兼ねた前庭から、石積みの階段を上がって玄関へ進む

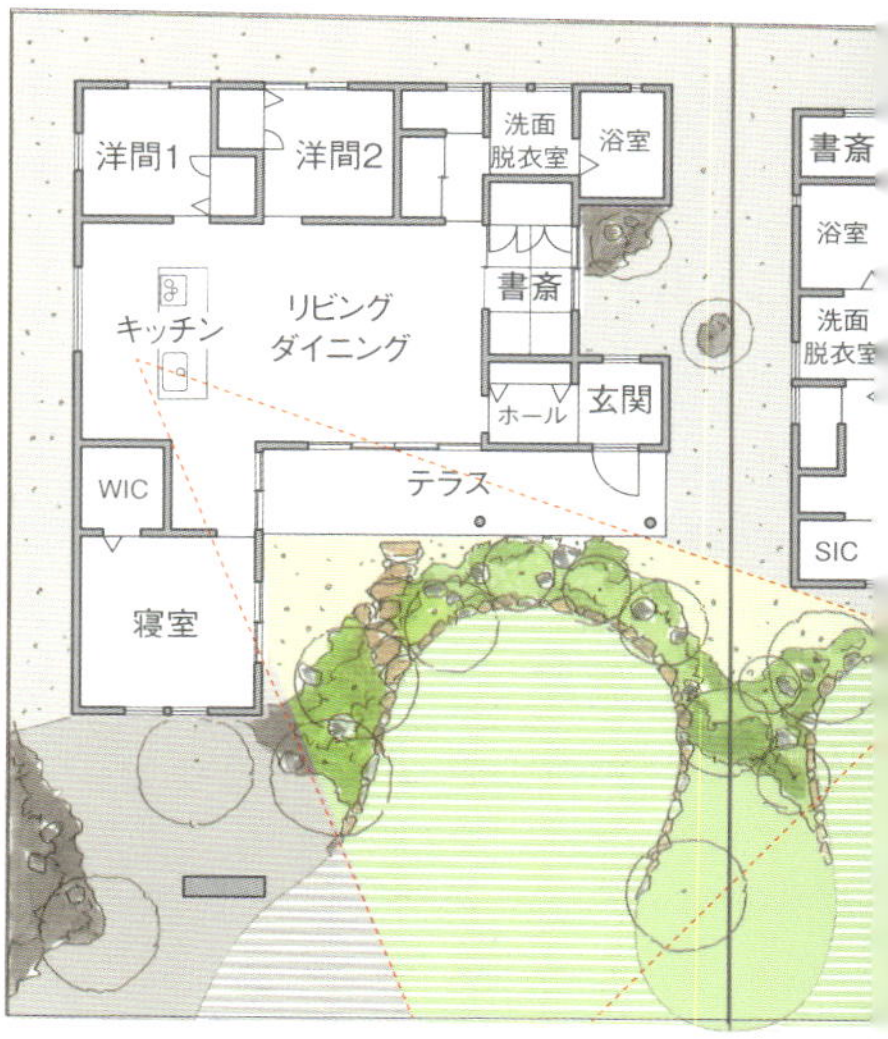

S＝1：300

大規模な分譲地の一画に2棟の平屋が並ぶ分譲住宅の造園を手がけました。設計段階から計画に携われたこともあり、敷地全体の緑量から、各住戸の庭と窓の配置までを一から検討して造園設計ができたため、家と庭が一体となった住まいができました。

町並みのコンセプトは、「杜の中に佇む家屋」。各棟の造園計画を統一することで、緑に一体感が生まれ、町並みが格段に良くなりました。また、駐車場を前述の植生用ブロックと芝を組み合わせてフロントガーデンとしてまとめています。駐車場と建物の間には高低差があるので、土を盛って小さな丘をつくり、自然の地形を表現しました。そうすることで、まるでもとからあった地形・自然の中にそっと家を置いたような佇まいになるからです。

また、この丘のグランドラインを隣とつなげ、境界を感じさせないように工夫しています。小さな丘には、自然石によるアプローチを設け、その先には軒下空間を利用したオープンテラスがあります。室内からの眺めは、お隣の緑、さらに2軒隣の緑まで見通せる設計になっています。お隣の庭を借景しながら、生活空間は互いに見えないようにしています。これが設計の妙ですね。このような計画は、複数棟を同時に設計する分譲住宅だからこそ実現できました。

フロントガーデンを挟んで町とつながる2棟の平屋は、即完売。現在、その隣に新たな2棟が着工しました。庭もつくり込んで販売するので、おのずと自然豊かな町並みができあがっていきます。将来の町の景色が楽しみです。

同じ価値感の人が集まって住むというのは、その地域の環境をよい形で保っていくうえで重要なことだと思います。お隣どうしが庭を介して会話をしたり、庭の使い方を真似し合ったりすることで、その隣にまた同じ庭好きがやってくる。こうして庭がつながっていき、町に緑が溢れていく。何もなかった土地に風景をつくり、そのことが価値となって、多くの人が住みたいと思える「美しい町」になる——そんなことを夢みて庭をつくっています。

19.

車寄せの再考

造園にも才能を発揮した建築家のリチャード・ノイトラは、かっこいい車寄せをつくっていました。ズバッと玄関先に車をつけて、パッと出て行く——ノイトラはそんな設計が得意でした。車を入れにくいところに何度も切り返しながらバックで入れるより、ぐるっと回って出られるほうが簡単で便利だと思いませんか？　特に郊外では、玄関前に車をつけられる車寄せがあると重宝します。車の出し入れも駐車も格段に楽になります。

鹿児島県の工務店・ベガハウスの「深い庇と車寄せのある平屋」では、車寄せをカーポートとしても使えるように大きな庇が設けられています。エントランス前には門扉や高い塀をつくらず、敷地の境界に植物を植え、車寄せがアプローチも兼ねて玄関まで誘導します。一石三鳥ともいえるプランです。

「深い庇と車寄せのある平屋」は、低い位置で水平ラインが強調されるため、水平なプロポーションを引き立てるようにシデ、コナラなどの高木を連ね、裏手にある隣家の桜の木を背にして、新たに4本のソメイヨシノを配置し、まるで桜並木のなかに建築が舞い降りてきたような、そんな風景を目指した

深い庇と車寄せのある平屋（鹿児島）

設計：ベガハウス
施工：ベガハウス
敷地面積：364.69㎡
建築面積：113.43㎡

◎来客に親切な店舗の車寄せ

一般的に事務所やモデルハウスは、エントランスから少し離れた場所に駐車場があり、お客さんは車を停めてから歩いて建物に入ってきます。長野県の工務店・小林創建のモデルハウス「Craft松本アトリウム」では、敷地内に事務所棟とモデル棟の2つがあり、入ってきた車はぐるりと回って、いずれの棟のエントランスに車をつけられるように車寄せを提案しました。帰るときには、そのまま方向転換せずに出ることができます。

さらにモデル棟のガルバリウムの屋根を、車寄せまで延長し、車から出るときには、雨が掛からないようにしています。営業マンがお客様を連れてきたときに、モデル棟の前で車を停めてもらえば、雨に濡れずに建物に入ってもらえます。駐車場をわざわざつくる必要もなく、屋根も車全体を覆うサイズがなくても、霜が心配な車のフロントガラスさえ屋根で覆えればよいので、膨大な面積がなくても、車寄せを兼ねた駐車場はできるのです。

緑と木漏れ日に包まれた道を車で通り抜けるだけでも気持ちがよいもの。ドライブスルーのように車の中から、室内やデッキ、軒下の暮らしを楽しく観覧できる

Craft松本アトリウムの外観

最初の計画では、車が直線的に敷地に入ってきて、奥の駐車場に停めるという動線だったが、各棟に車寄せをつくるプランに変更。車寄せを計画する際にあえて壁をセットバックして、道路沿いに樹木を植え、町に緑を提供。エントランスにも植物を植えて人々を内部へと誘う。来訪者に「吸い込まれるようだ」と言われたので、モデルハウスとしては成功ですね（笑）

緑のなかを車でぐるりと回るスマートな車寄せ

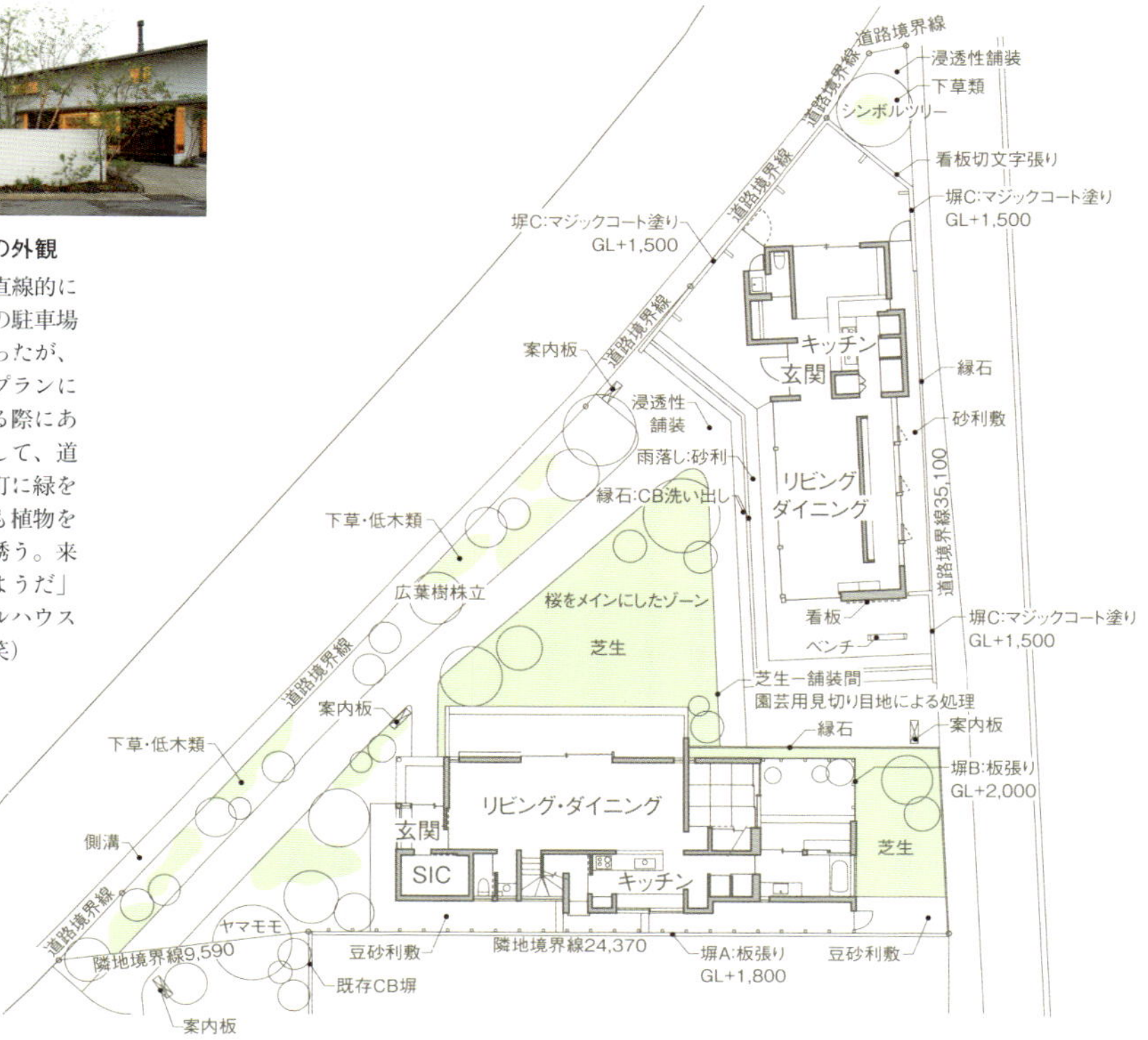

・BEFORE・

・AFTER・

S＝1：400

20. 外構コーディネートの基本

インテリアをコーディネートするように、外構にも建築や緑に合わせてコーディネートするセンスが求められます。外構の色やテクスチュアが主張しすぎると建築や植物とけんかしてしまうので、あまり多くの素材は使わないようにしています。

◎塀

特に面積の多い塀は家の印象に大きくかかわります。外壁が塗り壁だったら塀も塗り壁で、レンガだったらレンガでというように素材は揃えたほうがよいでしょう。素材が合っていれば、ある程度のボリュームがあっても、圧迫感を与えないというメリットもあります。また杉板型枠を使ったRC壁もよくやる手法です。白壁のモダンな建築には、重厚感や素材感をプラスできますし、反対に木の家にはモダンな印象をプラスできます。予算が厳しい場合は、木塀や沖縄でよく使われていた花ブロックなんかもよいと思います。既成のコンクリートブロックを使う場合は、しごいてペンキを吹き付けてもらったり、左官仕上げをしてもらったりするとよいでしょう。

また、塀はあまり高くつくらないようにしています。低いほうが、風とおしもよく、町も明るくなりますし、オープンにしていたほうが、かえって防犯にもなると思っています。塀は低くしても、厚みをもたせるなどの工夫で中をのぞきにくくすることもできます。とはいえ、塀の高さは、外観に影響するので、ただ低くすればよいのではなく、建物とのバランスを考えて決めるようにします。

杉板型枠打ち放しの塀に、同じ高さ・幅の門柱をスチールで製作。門扉は、厚さ9mmの薄い格子が30mmピッチで並び、透明感のあるエントランスとなっている。華奢なスチールを豊かな緑が引き立てる

◎門廻り

門廻りには、ポストや表札、インターホンなどがあります。これらは、できるだけ目立たないように控えめに納めていくほうが、門廻りが美しく品よくまとまります。特に門扉は、カシャンというアルミの閉まる軽い音が人工的で趣に欠けるので、スチールで製作するようにしています。スチールならではのきゃしゃで透明感のあるデザインが好きですね。

急な階段は勾配をなだらかにし、外壁に沿ってカーブを描くようにコンクリートを打ってつくり、併せて直線的だった既製品の手すりも、鉄作家さんにつくってもらった緩やかなカーブを描く手すりに変更しました。もとからあったスチール製のポストは、鉄の手すりと同色に塗り直すことで色味を揃えた

・BEFORE・ → ・AFTER・

◎外構リフォーム

外構はリフォームで建物と調和させることも可能です。あるとき家を工務店が建て、外構をエクステリア専門店が担当したお宅から、樹木の植え替えを依頼されました。現場を見に行くと、直線はリブブロック、アールを描くところはピンコロ石と、ちぐはぐなうえ、外向けの花壇をつくるなど、見栄えよりも施工しやすさを重視したようでした。壁もかなり汚れているし、植栽だけでなく外構全般のリフォームを提案させてもらいました。まず住宅の外壁と同じ色に塀を塗り替えました。これで住宅と外構が美しく調和します。

タイル張りだった玄関前は、洗い出しのコンクリートに。そして、玄関先にコンクリートのベンチを置きました。建物自体が室内から庭を眺める設計じゃなかったので、玄関先に座って眺めてほしいという想いを込めています。

道行く人に見てもらうお庭なので、植栽は花の咲くものを多く入れました。これを機会に奥さまがはまって園芸ショップに頻繁に通っています。周りの人も花を植え出したり、綺麗ですねと声をかけてくれたりしてくれて、よけい励みになっているようです。ファッションと同じで住宅もコーディネートが大切。外構、造園の力って思っている以上に大きいと思うんです。

リフォーム後の外観。クリーム色で統一された建物と外構に緑が加わり、全体が優しく柔らかな佇まいになった

・BEFORE・ → ・AFTER・

ブロックの花壇はすべて外して、洋館の雰囲気に合う茶色の割栗石の石積みに変えた

21.

生垣のすすめ

塀は、「ここが私の土地だ！」と所有権を主張するものではなく、敷地の「縁取り」と考えれば、ブロック塀にこだわらず、生垣もよいと思いませんか？

生垣がフィルターとなって室内に気持ちのよい風を送ってくれるでしょう。

生垣といえば、カシやマキなど四角い形に刈り込まれたものが多くがありますが、成長が早く、刈り込みもしなくてはならないので、手入れが大変です。

生垣にする場合、ツツジはナチュラルに仕上げることができておすすめです。花数を増やすために刈り込む手法もありますが、放っておくと自然の姿で成長していきます。樹形も面白いし、枝先にちょこっと花が咲いた姿がまたかわいらしいんです。

境界いっぱいに生垣をつくると、お隣に入らないように刈り込まなければならず、必然的にビシッとそろってしまう。だから、境界いっぱいではなくて、自分の敷地にランダムに木々を植えるのがよいと思います。

建築家・前田圭介さん設計の「群峰の森」は、下枝に葉数が多い木々を、林のように密集させて配置しているので、人が入ってきにくくなっています。高い木も低い木もランダムに置いていますが、1600㎜ほどの高さの木を入れることで、外からの目線も遮っています。無理矢理頑張れば侵入できるかもしれないけど、「入らんといてね」という感じ。木漏れ日が入ってくるから、雰囲気もいいのです。

群峰の森（大阪）

設計：UID／前田圭介
施工：まこと建設
敷地面積：2107.88㎡
建築面積：611.51㎡

22.

土留めは擁壁よりも石組み

敷地に段差や斜面がある場合、多くはコンクリートの擁壁で固めてしまいがちですが、少しでも土や緑を植えるスペースはあったほうがよいので、私はよく石組みで土留めすることを提案しています。

45度くらいの傾斜であれば、石組みを精度よくつくり上げることで、傾斜を生かしながら土留めをすることができます。費用がかかりそうに見えますが、地産の石を使えば、擁壁をつくるよりも安価にできる場合があります。石組みは、大小組み合わせながら不連続に配置し、角をなるべく土で覆って土面から露出しているように見せることで自然の造形をつくります。

積水ハウスの加藤誠さん設計の「復元・石積の家」は、33年前に石積みで造成された分譲地に建ち、もともと周囲は趣のある町並みがつくられていました。しかし、年月とともに住宅の建替えが進むとそれらの石積みは壊され、代わりにコンクリート擁壁が立ち上がっていきました。この家の敷地もすでに石積みは壊されており、隅部分はコンクリート擁壁で固められていましたが、加藤さんが擁壁を撤去し、石積みを復元させようと言うのです。

そこで、モルタルで固める垂直の石積みではなく、自然の斜面にある石の土留めのように石を組んでいく手法を提案しました。

石組みは、端部に向けて勾配を徐々に緩くしながら、土を挟みつつ石を積み重ねていく。石の隙間に下草や花を挟むことで、さらに自然の風合いが増す

※平面図は67ページに掲載

この家かっこいいね

木がいっぱいある

あるとき、私が造園をしていると、そこを通学路にしている小学生から「おっちゃん、この家かっこいいね」と言われました。「なんでかっこいいん?」と聞いたら「木がいっぱいあるやん」と言うのです。そして「この家、何億円するん?」と。

何気ない会話でしたが、この出来事は私にすごく勇気を与えてくれました。木がいっぱいある姿を、子どもが素直に「かっこいい」と表現してくれたこと、そしてそれを豊かなものとして捉えてくれたことが、とてもうれしかったのです。

人は本能的に自然を求めるものだと思います。樹木が茂るところには、水があり、食べ物がある。そして人が集まり、豊かな暮らしが生まれる。だから人は緑に対して本能が働くんですね。みんな公園に好んで出かけ、木の下に集まるでしょう? マンションに住んでいても、わざわざ鉢植えの植物を買ってきて置きますよね。

また、雑木を縫うように水が流れる東北の奥入瀬渓流を思い浮かべてください。柔らかい木漏れ日が注ぐ沢の風景。これを嫌いだと言う人はまずいないでしょう。雑木林のある里山の田園風景、木々が鬱蒼と生い茂る鎮守の森なども、同じく人を癒してくれます。自然の風景に勝る人工はない。そんな考えが、私の根っこにあります。

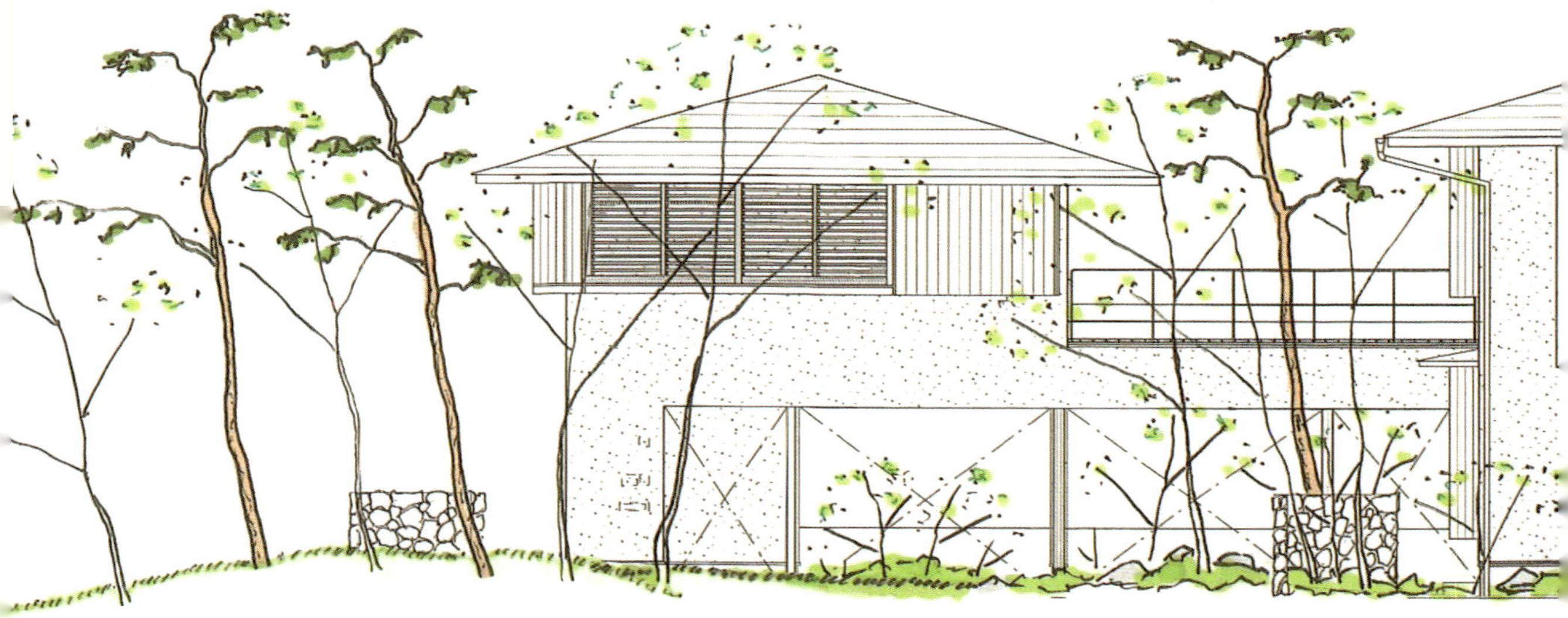

23-42
RECIPES
OF
TOSHIYA OGINO

2

緑を楽しむ住まいのプラン

庭の風景を町行く人々にお裾分けしながら、自分も庭に出て楽しむのが庭をフル活用する方法です。そこで年中楽しめるようにたくさんの木や花を植えたり、食事もできる使いやすいアウトドアリビングを考えたり、さまざまな工夫を凝らします。ここでは、庭に出たくなる住まいづくりについて考えてみましょう。

23.

建築家・吉村順三は、敷地を見てまず座るところを決めたといいます。そこからプランを描き、窓の位置を決め、その窓の近くに木を植えて、幹越しにその先の景色を眺める——そんなことを大事にしたそうです。

造園計画も、まったくその通りに考えてよいと思います。私は敷地に行ったら、まず空を見ます。それから、ぐるりと周囲を見渡し、景色や樹木を探します。同時にお隣の窓や壁の具合をチェックします。もちろん日の当たり方や風の向きも庭づくりには重要なポイントです。

もし、遠くに山の稜線が見えたら、それはとてもラッキー。部屋の窓から山の稜線が望めるなんて、素晴らしいと思いませんか。その景色に向けて窓を開けるだけで、見事なピクチャーウィンドウが手に入るのです。造園では、

大事なことは視線の抜け

誰もが懐かしいと思えるその土地の原風景に勝る庭はありません。伊礼さんの設計によって絵画のように美しく切り取られた田んぼとあぜ道と山の風景を邪魔してはいけないと思い、ここにはあえて木を植えませんでした

木と木の間から山の頂が見えるように工夫したり、きれいな山並みが隠れてしまわないように木を植えないことも検討します。もしくは落葉樹を植えて、冬になると葉が落ち、山の稜線が現れるというのも趣がありますね。

　山の稜線がなくても、近所の公園や遊歩道、街路樹、お隣の庭木など、周辺に緑があれば、いただき！　借景として住まいに緑を取り入れていきます。敷地調査のときには、近所を歩いて、その地域の植生や土壌なども観察してみるとよいでしょう。

　遠景（山の稜線）、中景（近所の緑）、近景（庭）、これらが建物とうまく絡み合ってつながったとき、樹木たちが本来の力を発揮します。建物はぐっと魅力を増し、そこに住む人の生活を豊かにしてくれるはずです。

つむぐいえ（長野）

設計：伊礼智設計室
施工：国興
敷地面積：217.12㎡
建築面積：93.35㎡

木を植えないのも造園の仕事

24. ここを庭にする、から始める家づくり

　建ぺい率・容積率の上限を目指してできるだけ大きな建物をつくり、そのうえで塀・門扉・カーポートなどを置き、隙間にシンボルツリーを植えて完成という流れが定石と言わんばかりに、単調で味気ない住宅が町並みをつくっています。鉢植えや緑の置物もよいですが、私は空間としての緑、過ごす場所としての庭を優先したい。余ったスペースに庭をつくるのではなく、「ここを庭にする」から住まいをつくれないものでしょうか。

　豊かな田園風景が広がる敷地では、その景観をフル活用できるように庭と窓をセットにして最もよい位置にもってくることをおすすめしますし、都心の敷地であれば、周囲の喧騒・視線から逃れられるように、明るく静かな中庭を設けるのがよいと思います。立派な既存木がある場合は、その木を取り囲むように庭と建物を考えるのも、その木と土地に対するマナーといえるでしょう。このように、与えられた敷地の環境や条件に対して、庭で答えを出していくこともできるのです。

　楽しくて魅力的な庭をつくるためには、住宅の計画と同時に造園計画も進めてほしいと思います。敷地調査のときから、造園屋をよんでもらうのが理想です。

25.

植物と住まいのよい関係

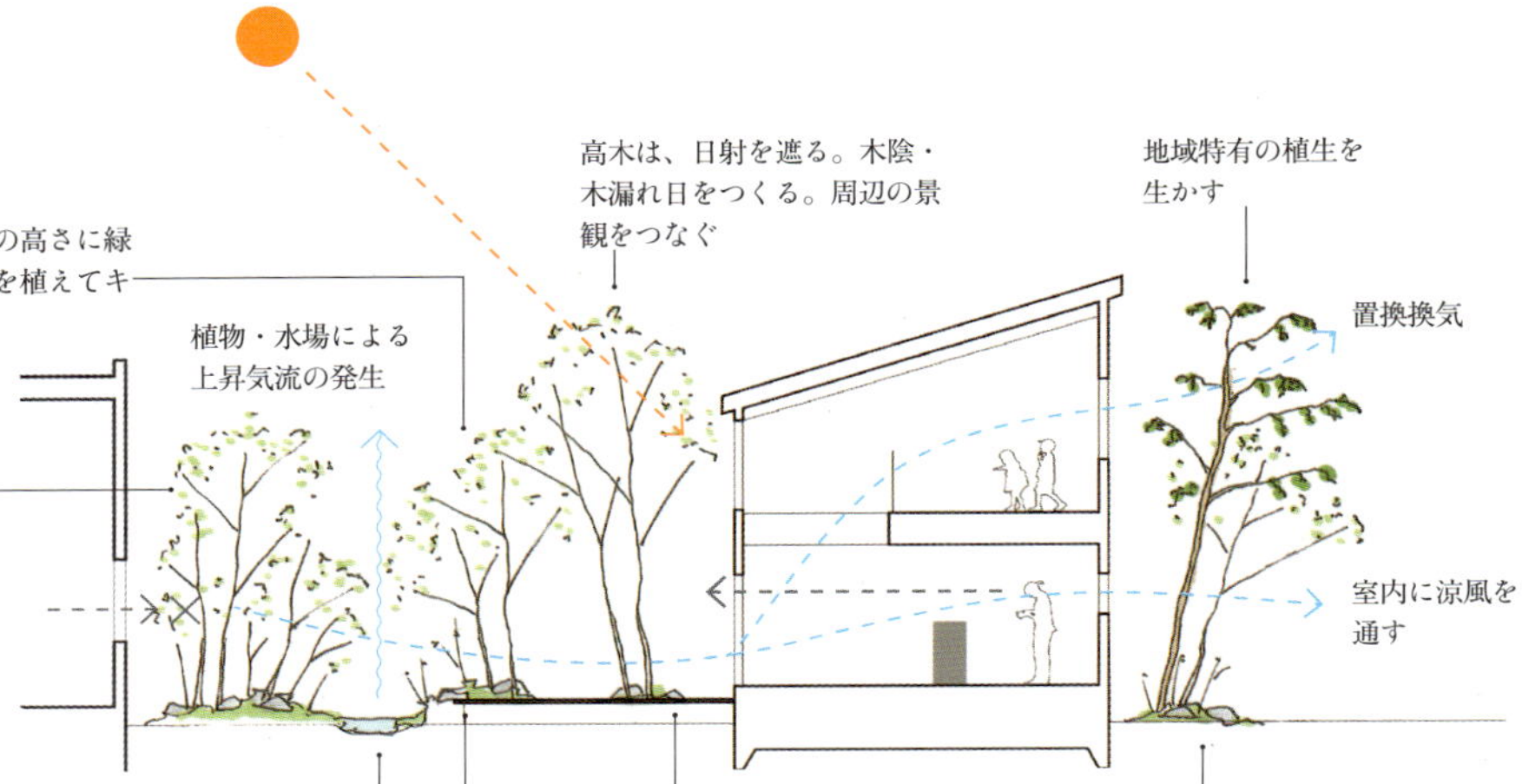
中低木は、視線の高さに緑を添える。果樹を植えてキッチンガーデン
常緑樹でお隣の視線を遮断
水場で水の音や水面の反射を楽しむ。鳥が寄ってくるので害虫予防も
ウッドデッキでアウトドアリビング
アプローチ・エントランスガーデンは、町とのコミュニケーションツール
グランドカバーは、花で彩りを、コケで潤いを演出。香りもプラス

私が庭のプレゼンテーションをするときに使っている図を紹介しましょう。樹木を植えることで得られるメリットをまとめています。特に夏は、樹木があれば木陰ができ、直射日光を遮ることができます。建物を太陽の光に晒さないことで、外壁の温度上昇を抑えたり、室温の上昇を抑えたりすることにも寄与します。また、庭に散水すれば蒸散作用が高まって、風の流れが生まれますし、夜には樹木の間を抜けた涼風が部屋の中を流れます。窓のそばの樹木は、緑のフィルタと思ってください。フィルタを通った風が、気持ちよいのが想像できるでしょう？

住宅設計にパッシブデザインという手法がありますが、その土地の光・風・水の力を取り入れた庭も、大事な役割を果たすと考えています。

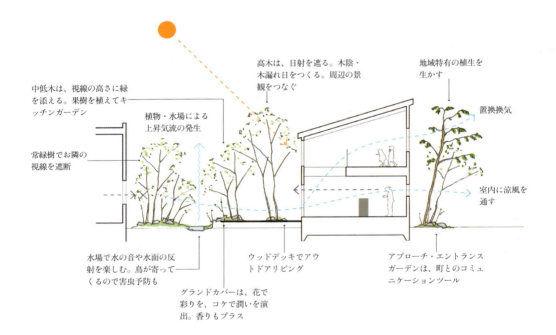

26. 隣家の窓と常緑樹

住宅密集地では、お隣の窓からの視線もすごく気になるでしょう。できれば建物のつくりや窓の配置を工夫して視線を遮りたいところですが、そうもいかないときには、目隠しに木を植えるということもできます。お隣も窓の外に緑が眺められれば、気持ちよく過ごせるでしょう。緑のお裾分けですね。また、お隣の浴室やトイレのそばなど一年を通して遮りたい場所には、常緑樹を植えるようにしています。常緑樹でも樹形の柔らかいものが多いツバキやオガタマノキなどを重宝しています。ただ、常緑樹の葉も生え変わりの時期があって、6月頃に葉が落ちていきます。この葉が重たくて樋などに詰まってしまうとやっかいなので、多用するのは考えものです。

① ナナミノキ
② コバンモチ
③ ハクサンボク
④ ヒラドツツジ
⑤ ミヤマシキミ
⑥ 西洋シャクナゲ

高木の常緑樹で隣家の2階の窓からの視線を遮っている。低木も常緑樹で、敷地境界に緑があることで安心感が生まれる

27. 配管計画は造園計画と一緒に

敷地には、排水管などの配管が通っています。最近は密閉性が良くなっていますが、植物の根が管と管のジョイント部から入ってしまう恐れがあるので、配管をできるだけ避けて樹木を植えなければいけません。そのため、はじめに配管の計画を見せてもらえると安心です。造園家から「ここは木立をつくるので配管をずらしてほしい」などと提案することもありますし、反対に「ここには重要な配管が入っているから、樹木を植えないでほしい」などと、設計者側からも積極的に情報をもらえるとありがたいです。ちなみに配管を上手く逃がすために、私はアプローチの際をよく利用します。

植桝の端に設備配管が通るようにして根鉢と干渉しないようにした。配管の上部に点検口が設置される場合は、砂利を敷いて隠す

高く突き抜けるような高木の落葉樹を入れて、幹を見せている。足元にはクリスマスローズを入れ、華やかな冬の風情を醸し出している

28.

緑を楽しめる場所を散りばめる

すべての部屋が庭とつながって成り立っている――庭好きの設計者はこのようなプランをよくつくります。日常生活でどこにいても、庭が見えて自然を感じられる、そんな住まいです。

しかし、このようなプランを美しくまとめるのは、決して簡単ではありません。庭とつながるためには、その境界である開口部をどのように設けるかということがとても重要になります。そして同時に、庭の配置やボリュームも検討しなくてはなりません。もっとも避けたいのは、ハイサッシを使って

北畠の家（大阪）

設計：田頭健司建築研究所
施工：加藤組
敷地面積：268.97㎡
建築面積：181.41㎡

RC造の風格のある佇まいに植栽で花を添える

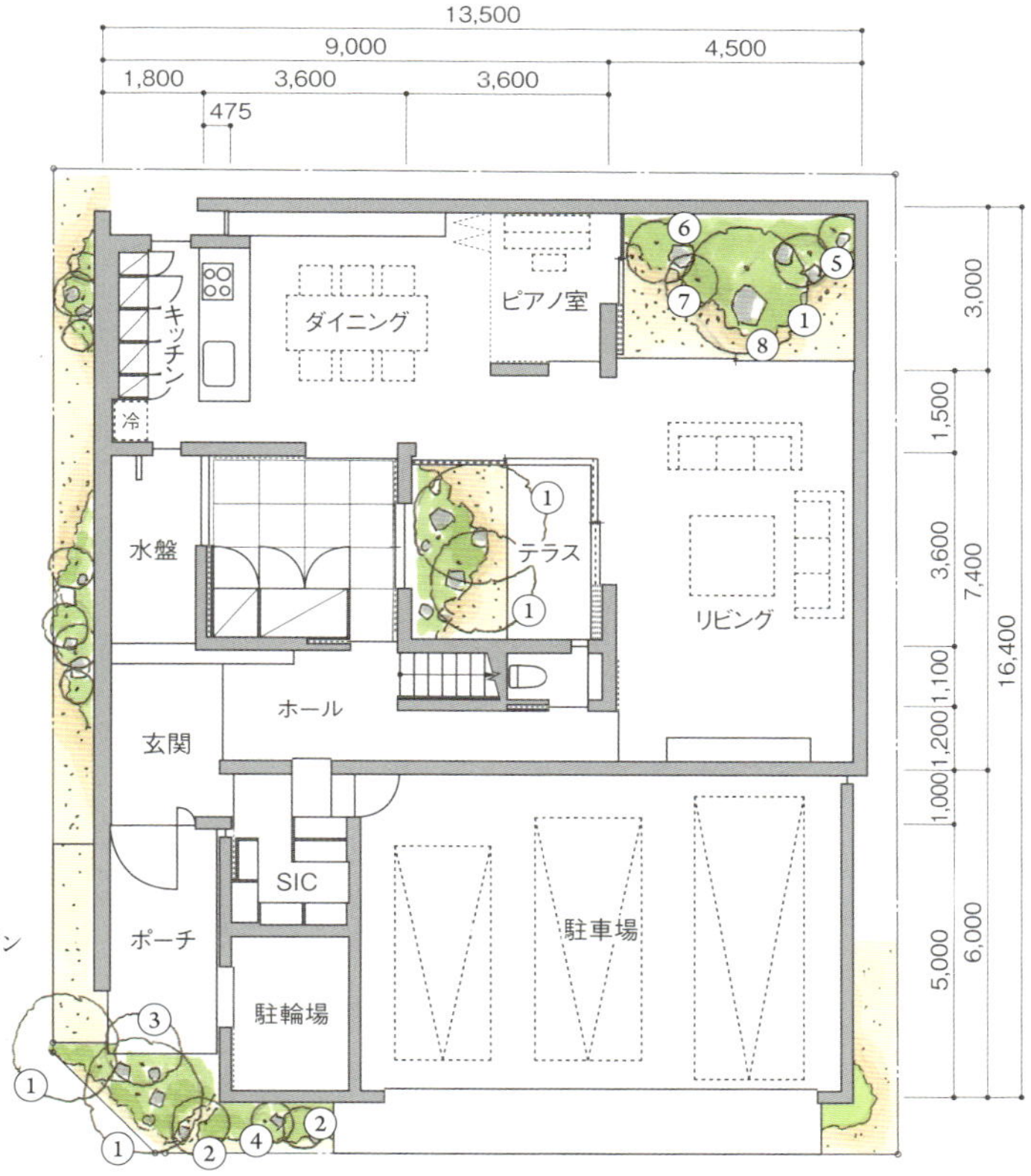

① アオダモ
② ハクサンボク
③ 常緑ヤマボウシ
④ 西洋ツツジ エクスバリー・アザレア
⑤ カラタネオガタマ・ポートワイン
⑥ シャシャンボ
⑦ ソヨゴ
⑧ 常緑マユミ

S＝1：200

せっかく大開口を設けたのに、暮らし始めたら隣家の2階から丸見えで、結局、カーテンを閉めて生活している…というケース。窓の外を楽しめないどころか、日当りまで得られなくなってしまいます。

また、常緑樹を植えてなんとか視線を遮ろうとする設計者もいますが、人工的な植栽となり、あまり美しい景観とはいえません。それならば大開口をやめて地窓にして、座ったときに地面のそばの緑を眺められるほうがよいと思います。

プライバシーを守るための視線の遮断は、建物側の設計で解決してもらうのが理想です。そのうえで周囲のよい景観や庭の豊かな緑に対して窓を開いていけば、庭を安心して楽しめる住まいになります。

田頭健司さん設計の「北畠の家」は、住宅街の中にあり、ビルトインガレージによって道路との距離をとっています。生活空間には、2つの静かな中庭がつくられ、どの部屋からも自然を感じられるように、窓の形や配置まで細やかな設計がなされています。家の中を歩いていると、緑が随所に現れて、まさに緑を楽しめる住まいです。

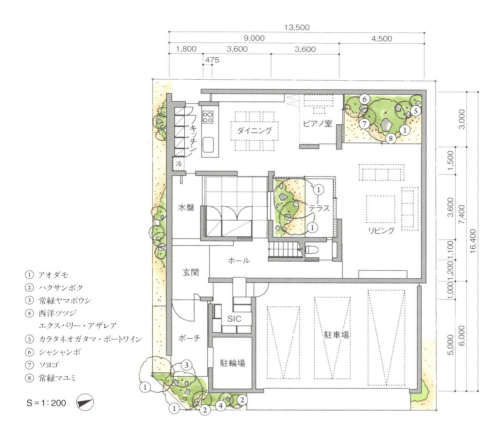

ひのきのいえ（愛知）

設計：積水ハウス／
アーキテクトデザイン室・加藤誠
施工：積水ハウス
敷地面積：964.07㎡
建築面積：164.70㎡

「ひのきのいえ」は、密集した住宅地にあり、この方向だけが唯一、町へと開く。緑が2階縁側スペースと町との間のレイヤーとなって、心地よい場所をつくりだしている

29.

2階窓には上を向いて花が咲く木を

元来、日本の建築には平屋が多く、2階建て住宅が定着したのは、わずかここ数十年の間です。ですから、日本庭園は座敷の目線で楽しめるように考えられており、木は刈り込める高さに留まっていました。同じように西洋庭園にも、庭木に高さをもたせるという考えはありません。

しかし、今の日本の住宅は2階建てが主流であり、最近では2階にリビングがあることも少なくないので、2階の窓からも緑が見えることが大事であり、庭に植える木には、ある程度の高さが必要です。上から庭を見下ろすのではなく、2階窓の目線の先に緑が届くようにしたいと思えば、おのずと木の高さも決まってきます。木は見下ろすよりも、真横に見えるほうがいいですね。

積水ハウスの加藤誠さん設計の「ひのきの家」では、2階のFIX窓のそばにヤマボウシを多めに植えました。ヤマボウシは、上を向いて花が咲くので、2階からでも花の姿を近くに見ることができるのです。

30.

計画も管理もしやすい北庭

よい庭は北にあり

敷地の南側に広い庭——というのが、よい住まいの条件として定着していますが、これは日当たりのためであり、庭そのものにとっては、必ずしも南が理想というわけではありません。

私がよく使う幹が細くて下枝のない木は、他の木と競争し合って光を求め、結果として背が高くなったというものです。そのような木は、建物によって日陰・半日陰になりやすい北庭に向いています。もしこのような細い幹の木（モミジなど）を南に植える場合は、日照に強いコナラやシデ、ジューンベリーなどで、まず日陰をつくり、そこに添えるように入れていきます。ただし、木陰をつくるための木はわりと成長が早いため、緑量が増えやすく、手入れを怠ると、数年で薄暗い森のような庭になってしまうので注意が必要です。大きくなり過ぎてから成長をコントロールするのは難しいのです。

一方、北庭の場合は緑量を抑えながら、線の細い色っぽい木を入れられます。成長がゆっくりなヤマボウシなどは、5mクラスを我が家の北庭に植えていますが、20年で1mも伸びていません。北庭でなくても、コートハウスにして、建物で日陰をつくるという手もあります。南庭でもお隣の建物の陰を探して、そこに木を入れたりすることもあります。北庭は水やりがそんなに忙しくないのもメリット。南庭の場合、夏場は毎日水やりが必要ですが、北庭は陰になる範囲にもよりますが、南庭の3分の1程度の量でも十分な場合もあります。3～5年も経つと自然の雨でほぼまかなえるようになり、水やりはほとんど要らなくなります。ただし、園芸品種の花には水をあげています。

造園でいちばん難しいのは、日照に合った品種を入れること。よく考慮しないと樹木を枯らしてしまいます。もし、南庭に日照に弱い樹種を入れる場合は、日向いの方に日照に強い樹種を入れてあげます。このように、日照を抑えつつ光が安定している北庭は、造園の計画も管理もしやすいのです。

北庭の樹木は南の太陽に向かって成長するため、室内から見るとこちらに顔を向けてくれているようで、より自然な表情を楽しめる。写真は、フジハラアーキテクツさん設計の「H house」の北庭。限られた日照の中、繊細さを保ちながら成長する樹木。室内からは、窓が北を向いているため、日射を気にすることなく、庭を眺められる

H house（大阪）

設計：フジハラアーキテクツ／藤原誠司
施工：天馬工務店
敷地面積：258.24㎡
建築面積：150.65㎡

31.

建物は控えめに、緑を豊かに

最近、建物は小さく控えめでいいと思い始めました。敷地いっぱいに建物を建てるのではなく、少し控えめに小さくつくって、そのぶん緑を入れる。茶室に見られる日本的な価値観でもあると思うんですね。茶室は、お茶を点て、客をもてなすための場所ですが、建物は至って簡素。しかし、必ず露地（茶庭）がつくられ、植えられる樹木もできるだけ自然の山の趣を壊さないものが使われます。私は、この日本の美意識を住宅で表現していきたいと考えています。

「うちは庭をつくるほどの広さがないから」という声をよく聞きますが、21ページで述べたように畳一畳分のスペースがあれば庭をつくることができるのです。限られた敷地のなか、広い庭をつくらなくても、家をひと回り小さくしたり、土地に対して建物を少し振って配置したりして、余白をつくり、そこに植栽するだけでも住まいは十分に魅力が増すのです。

建築家・高野保光さん設計の「宇都宮の家」は、敷地に対して住宅をひとまわり小さくつくり、内と外に庭が設けられたプランです。建物のファサードを少し斜めに振ってさりげなく余白をつくり、アプローチに緑を添えている点も、さすが！　と言わずにはいられません。

この住宅は、敷地が道路よりも60～70cm高い位置にあり、以前は道路や駐車場から見上げるように建物が建っていました。それを高野さんは、道路からアプローチや庭が、自然なラインでつながるように、擁壁の一部を撤去し、玄関の中にも階段を入れるなどして敷地内に大きな段差をつくらず、道路との高低差を解消しています。

宇都宮の家（栃木）

設計：遊空間設計室
施工：渡辺建工
敷地面積：190.90㎡
建築面積：73.67㎡

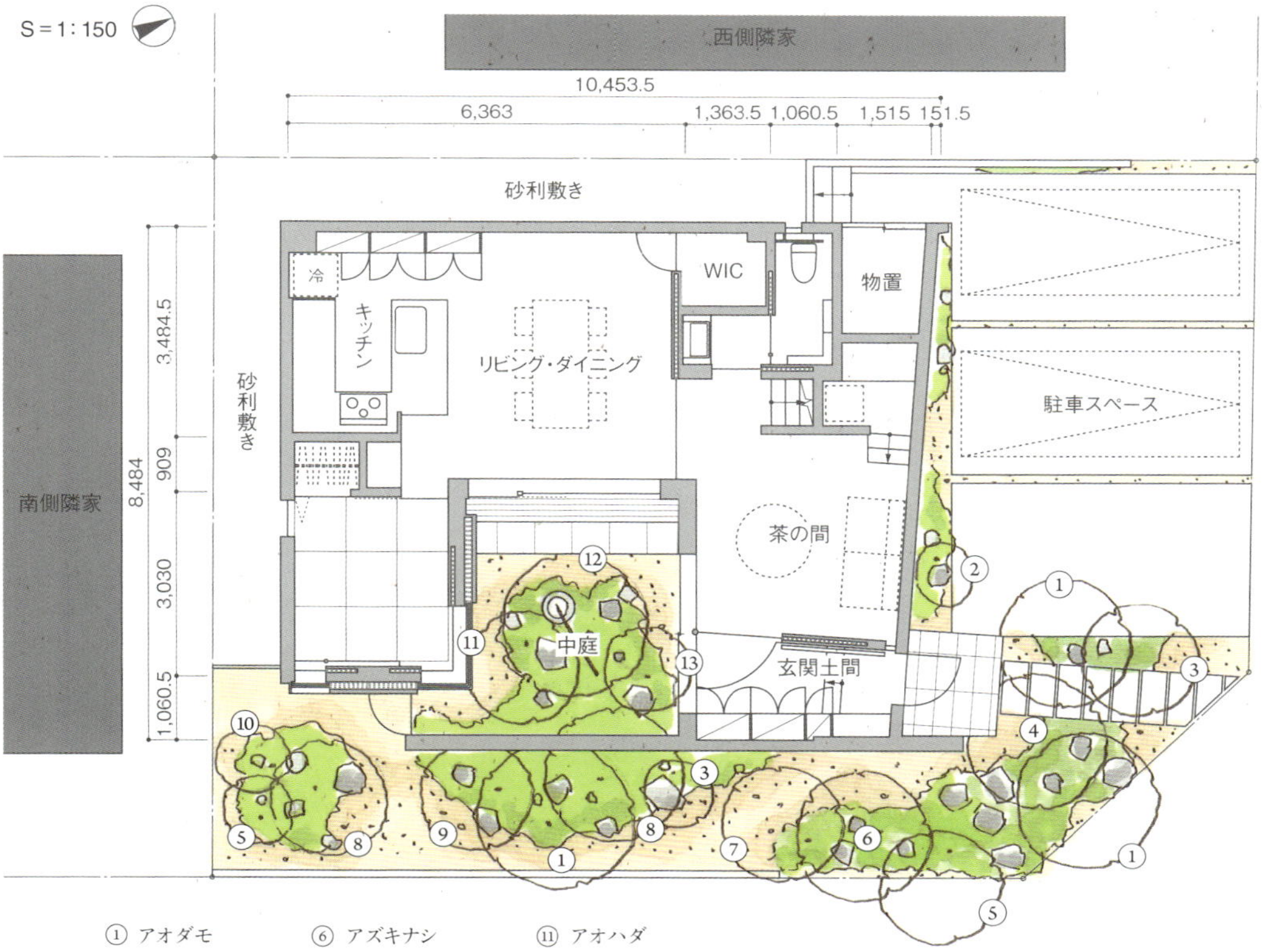

① アオダモ
② ハクサンボク
③ アカシデ
④ コナラ
⑤ ソヨゴ
⑥ アズキナシ
⑦ ヒゼンマユミ
⑧ コハウチワカエデ
⑨ ヒサカキ
⑩ ヤマグルマ
⑪ アオハダ
⑫ ヤマボウシ
⑬ カラタネオガタマ

玄関から続く窓は、茶の間のソファに座ったときの目線の高さにも合わせているため、自然と中庭に目が向けられる

玄関から中庭を見る。右側に幹の気勢を向けて動線を誘導している

地窓で低い視線の先にも緑を

和室は地窓にして開口をぐっと絞り、左側は中庭の足元の緑を見せ、右側は外庭の緑の葉の間から、外の様子がうかがえる敷地の南には隣家が建っていますが、北と東にはケヤキの遊歩道や緑地があったため、高野さんは東向きに庭を配置し、1階はプライバシーを重視した中庭に、2階はテラスにして、周囲の緑と庭の緑を重ねることで自然と一体になったような空間にしています（58ページ写真掲載）。中庭には、右手（南）から光が差し込むため、木々の美しさが映えるように背景は左官壁にするなど、どこまでも庭を引き立てる設計がなされた、庭を愛でるための住まいといってよいでしょう。

アオハダ、ヤマボウシ、カラタネオガタマなどの雑木の下に、ベニシダ、スナゴケを植え、手水鉢を置いて潤いをプラス

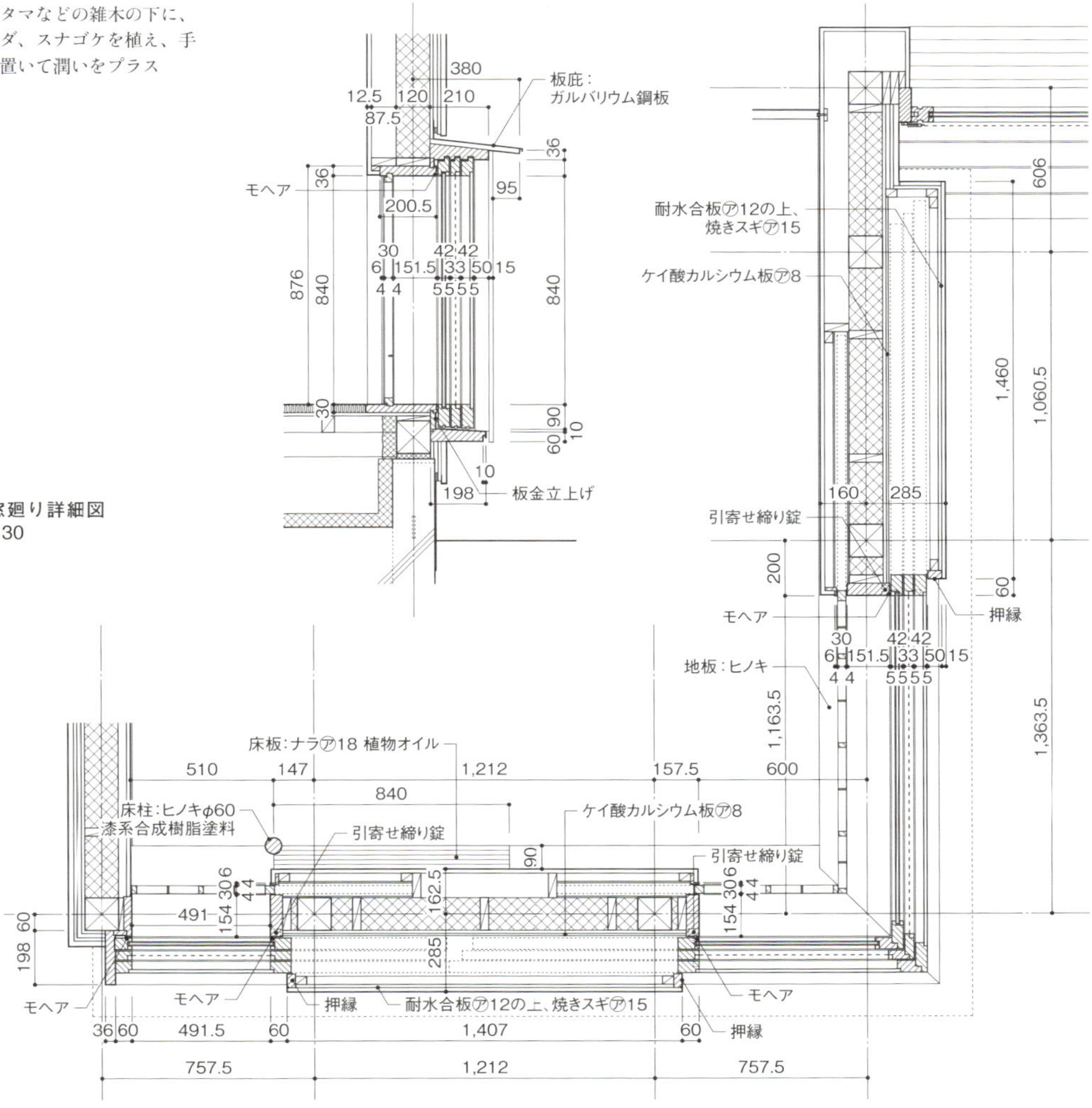

和室窓廻り詳細図
S＝1：30

 図面提供：遊空間設計室

32.

緑を眺めるための場所

「宇都宮の家」の2階のテラスは、景色に合わせて壁が切り欠かれ、近所の森の緑まで庭の景色に取り込んでいる

母屋の隣に増築された離れ。なるべく木を建物に近づけて、幹の風情と木漏れ日を室内でも感じられるように植栽帯を配置した

毎日立つキッチンだから美しい景色を

私が最も大事にしているのは、キッチンからの眺めです。最近は、オープンキッチンが多いので、そこに立ったときの視線の先に樹木を植えるようにしています。毎日のことなので、花が咲く木を多く入れて変化を楽しんでもらいたいですし、緑を感じながら気持ちよく調理してもらえれば、きっと美味しい料理ができるでしょう（笑）。

高野保光さん設計の「成城の家」（外観は28ページ掲載）は、どの部屋も庭とつながるように家の周りにまんべんなく庭を配置したプランです。そのため、キッチンに立つとどの方向にも庭が見えます。この写真の反対側（北側）の作業スペースにも、手元と水平の窓がついていて、北の庭を見ながら家事ができるという、4方向に庭があるキッチンです。

34.

リビングの椅子は庭に向けて

造園家にとって最大のライバルはテレビといえるかもしれません。リビングのソファがテレビに向いて置かれ、庭を背にして座る家がなんと多いことか。反対にソファに座って窓の外の景色や庭を眺める、そんなプランを見るとうれしくなります。ソファの向きは、よいプランを見分けるポイントといえるでしょう。

横内敏人さんの「内庭・外庭の家」は、リビングに座ったときに、高木（アオダモ・コハウチワカエデ・ヤマボウシ）の幹の最上部まで眺められるのがよいと、吹き抜け上部も開口にして、パーソナルチェアを配置したそうですよ。

35.

朝、気持ちよく目覚める寝室

森の中で朝を迎えるように、やわらかな日の光を受け、小鳥のさえずりを聞きながらベッドで目覚めることができたら…なんて思ったことはありませんか。朝の光は体内時計に働きかけて目覚めをよくする効果があるので、寝室には朝日の入る窓があるとよいですね。そして、その窓のそばに緑を植えます。直射日光をやわらげ、木漏れ日が美しい朝を演出してくれるでしょう。

前田圭介さん設計の「群峰の森」の寝室は、森の中にいるような気持ちよい空間です。二面が大開口になっていて木々に囲まれ、外から小川のせせらぎが聞こえます。閉鎖的になりがちな寝室を思い切ってオープンにしたプランに対し、窓廻りを植栽で囲むことで、やわらかな緑のベールに包まれたような安心感を生み出せたのではないかと思います。

外のグランドラインと部屋の床レベルをそろえ、境界に砂利を敷いて内と外を一体化させ、自然の中で目覚める感覚をどこまでも追求した前田さんの姿勢に感服

36.

彦根明さん設計のHOUSE Mの浴室の坪庭。日陰の環境に合わせて、マツラニッケイ、ベニシダ、フッキソウ、トキワナルコユリ、ヤブラン・ギガンチアなどの常緑の植物を入れ、年中豊かな緑を楽しめる坪庭となっている

坪庭で豊かなバスタイム

湯船に浸かって、その視線の先に緑があると気持ちがよいものです。お風呂の庭をつくるときには、湯船の背もたれ側からの目線を意識して、植物を配置します。

浴室の窓から、塀（目隠し壁）までの距離は、1mもあれば十分でしょう。窓がハイサッシの場合は高さのある木を入れますが、湯船に合わせて低い位置に窓がある場合は、中低木とグランドカバーを中心に仕上げます。露天風呂というよりは、川に浸かっているような感覚を目指しています。

できれば窓を開けてオープンエアで緑を眺められるのが理想です。外の緑と風を感じながら、自分の家で長風呂ができたら、温泉に行かなくてもよくなるかもしれません（笑）。入浴は夜だから外は見えないし、風呂庭は必要ないなんて言わないでください。眺めのよいお風呂をつくると、不思議なことに、日曜の朝にお風呂に入りたくなるものですよ。

37.

風の通り道をつくる

日光や水は意識されることが多いですが、植物の健康な生育には風通しも必要です。伊礼智さん設計の「南与野の家」では、塀に風窓を開けました。壁の向こうに鎮守の森があって、いい風が流れてくるのです。植物の足元にも風が流れ、庭の健康も保てます。

外構計画の際には、風の通り道を見極めて、塞ぐのではなく、風を〝いただく〟場所と考えましょう。また、通り過ぎる風を生垣や塀でつかまえて敷地に取り込むこともできます。

ビルトインガレージ奥の格子越しに庭があり、風が通り抜けるようになっている

38.

障子に映し出された樹木

西向きの部屋は、西日が気になってほとんど窓を開けることがないようですが、たとえば窓に障子を入れてみてはどうでしょうか。外に樹木を植えると、西日で影が障子に映し出されて、それはそれはきれいです。西日でなくても、日が当たれば大なり小なり影はできるので、ぜひ、樹木を障子に映し出してみてください。

谷口工務店社屋のリビング窓(81ページ掲載)。障子越しに木陰が揺れる。障子ならではの透明感が木のシルエットを際立たせる

39.

複数の庭で生活空間を包む

復元・石積の家の2階リビング（上）と1階寝室（下）。左右には壁をつくらず、FIX窓にして庭に挟まれた空間を演出

復元・石積の家（愛知）

設計：積水ハウス
アーキテクトデザイン室・加藤誠
施工：積水ハウス
敷地面積：241.71㎡
建築面積：81.76㎡

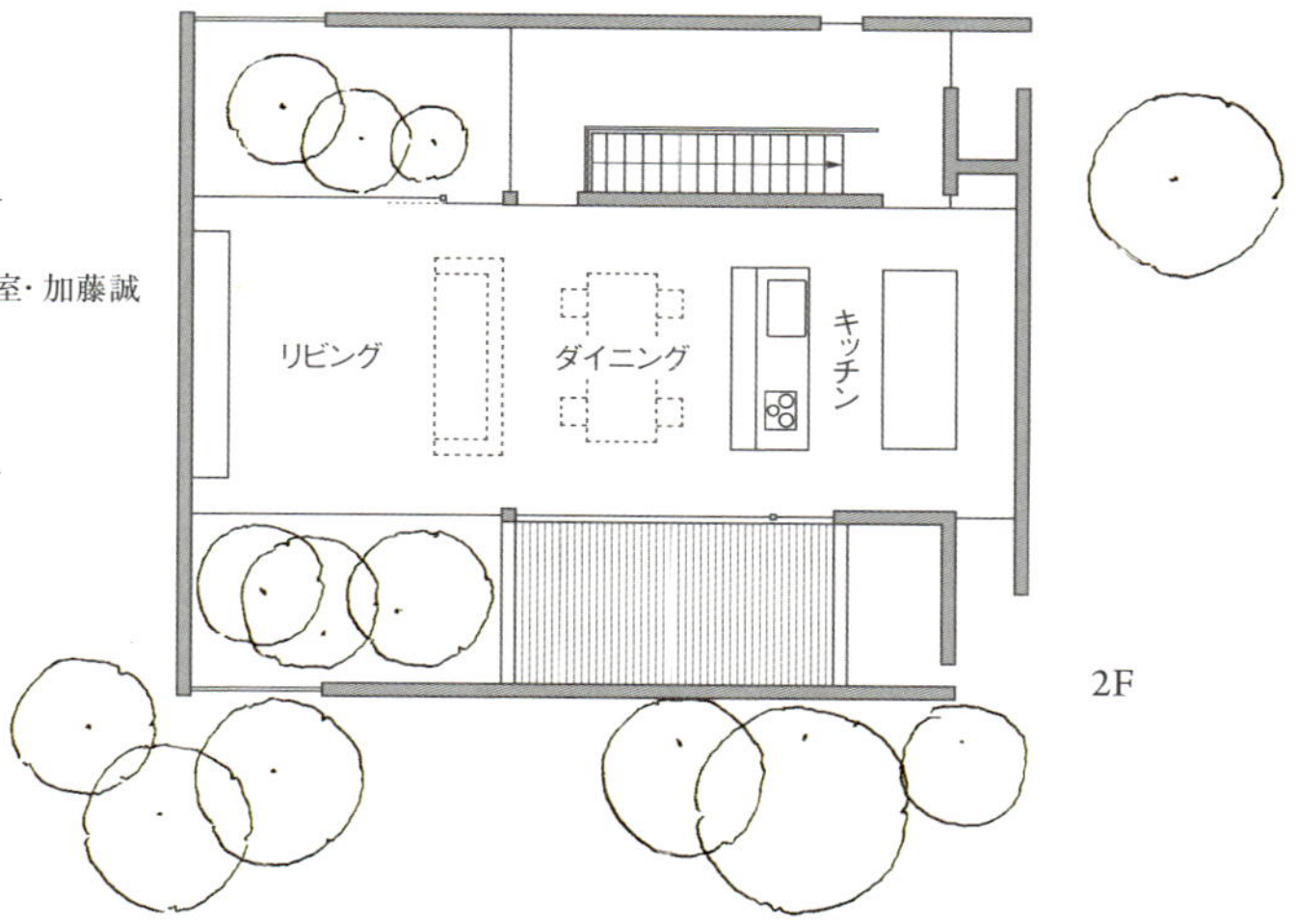

① ドウダンツツジ
② アオダモ
③ コナラ
④ モミジ
⑤ シデ
⑥ ヤマボウシ
⑦ アズキナシ
⑧ アオキ

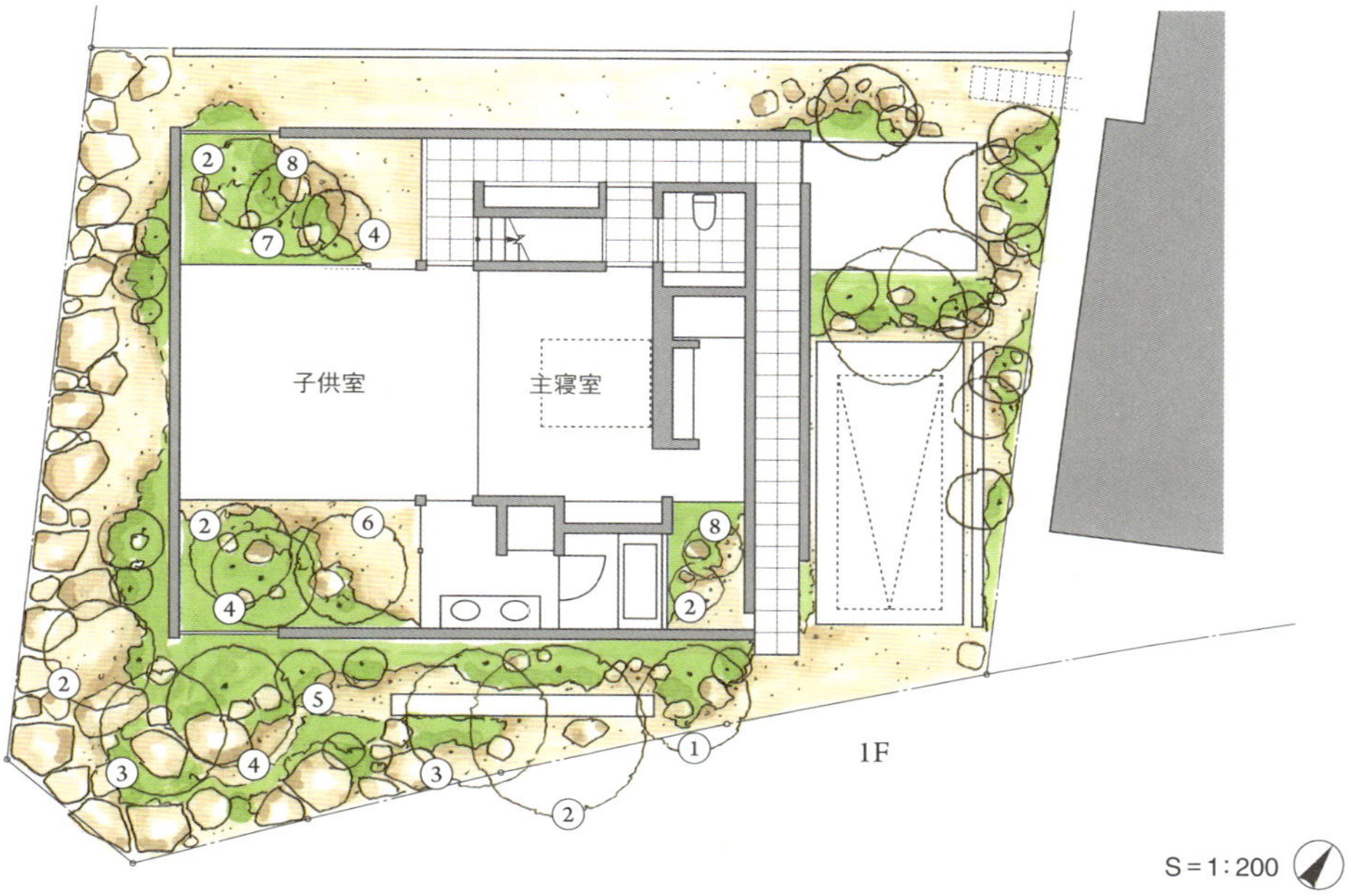

積水ハウスの加藤誠さんが設計した「復元・石積の家」は、庭を生活の一部と考え、庭と建物を一体化させたプランです。生活空間を3つの庭で挟み込み、どの部屋からも庭が眺められます。圧巻なのは、2階のリビング。中庭に面した左右両面をガラスの壁にしているため、まるで木立の中に身を置いているような感覚になります。

1階の居室も同じようにガラスの壁になっており、1階ではグランドカバーと木の幹を、2階では枝葉を楽しめます。外壁の一部を格子としているため、プライバシーを保ちつつ風を取り入れて、植物の足元に湿気がこもるのを防いでいるので、植物も人間も気持ちいい。日光もある程度入ってきます。とことん庭を楽しむための家なのです。

ここには、単木で途中に枝がなくスラッと伸びたモミジを植えました。このような木を南に植えると、幹焼けしたり、幹を守るために胴吹きしたりして樹形が乱れますが、この家ではダイレクトに日が当たらないので、ちょうど森と同じような環境が再現され、うまく育っているようです。紅葉のほかには、日陰を好むハイノキやヤマボウシを入れています。

40.

美しくつなぐ ひと手間が 庭を身近にする

「復元・石積の家」は、外とのつながりを壊さないように加藤さんが窓廻りの納まりにとてもこだわられていました。サッシは、住宅用ではなくビル用サイズを使ってFIX窓（Low-E複層ガラス）にし、窓枠をなくしています。そのため、室内と庭を仕切るものがガラスのみとなっており、一体感が生まれているのです。壁も室内と外壁も同色で仕上げ、さらに1階は、地面との連続性も追求されています。

外とのつながりを 壊さない窓廻り

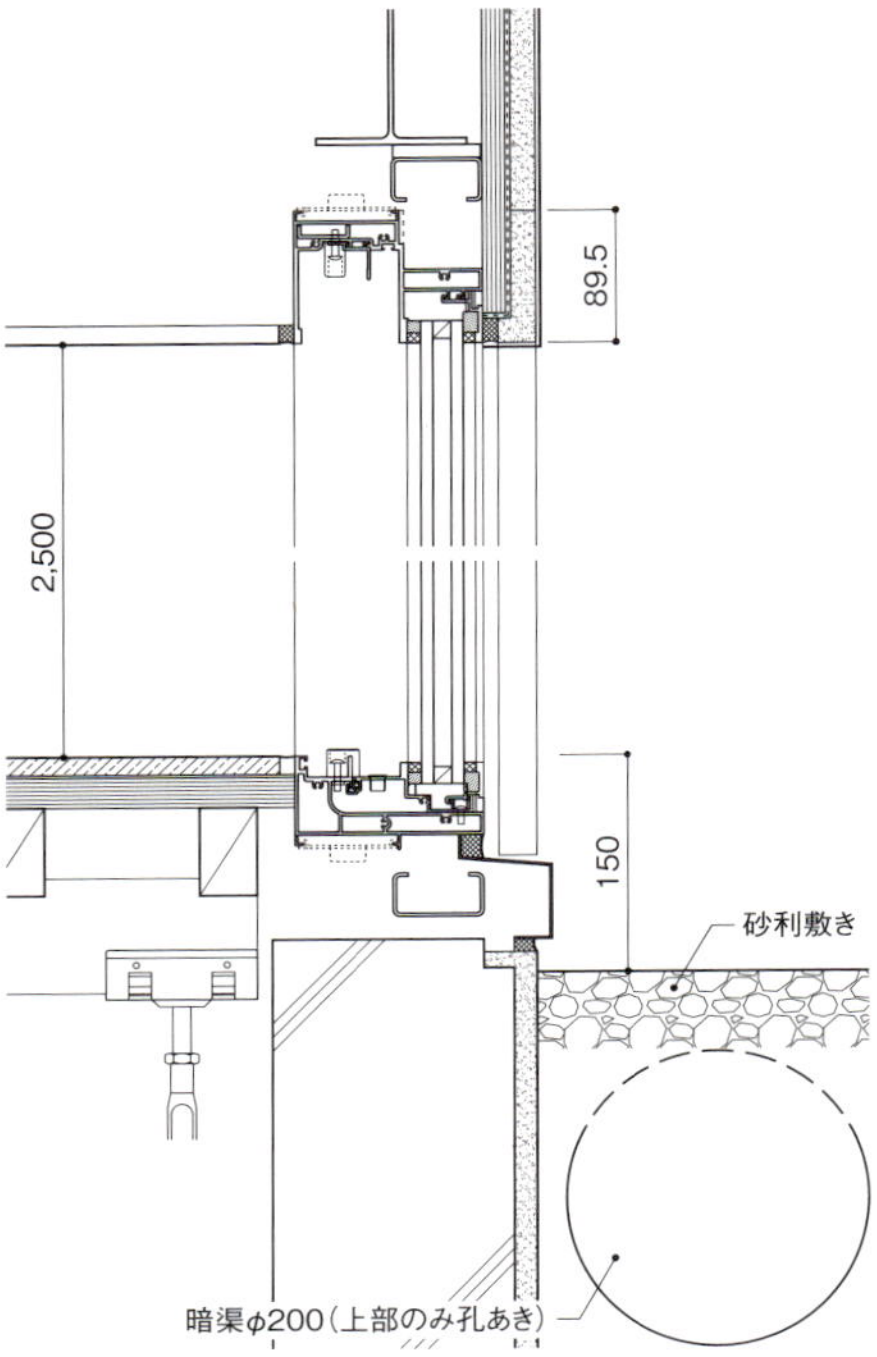

1階サッシ廻り詳細図
S=1:10

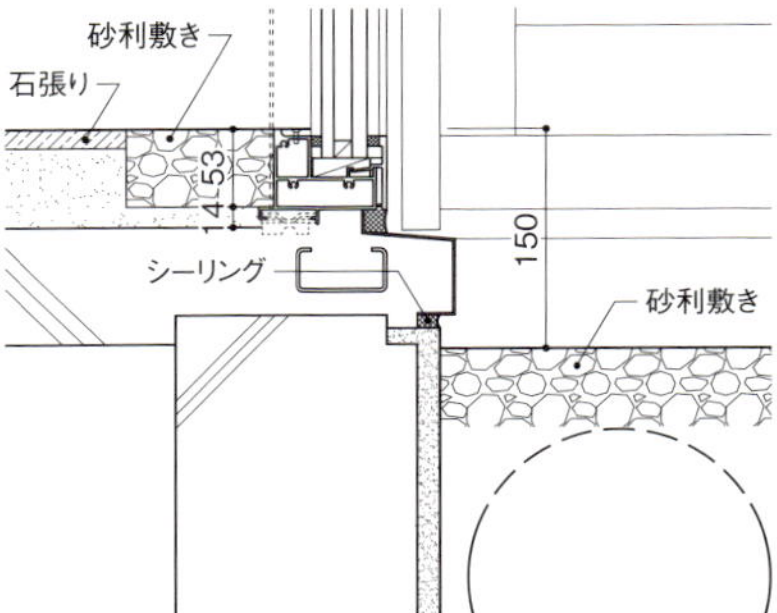

室内の壁と外部の壁を連続させるために、窓枠を壁の中に埋め込んでいる。少しでもデッパリがあると影ができてしまい、写真のような光のつながりが得られない。また、土を基礎の高さギリギリまで盛って、室内床と連続性をもたせているが、基礎への浸水を防ぐため、暗渠をつくって排水するよう工夫している

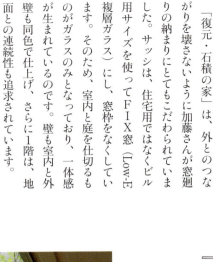

木製格子詳細図 S＝1：10

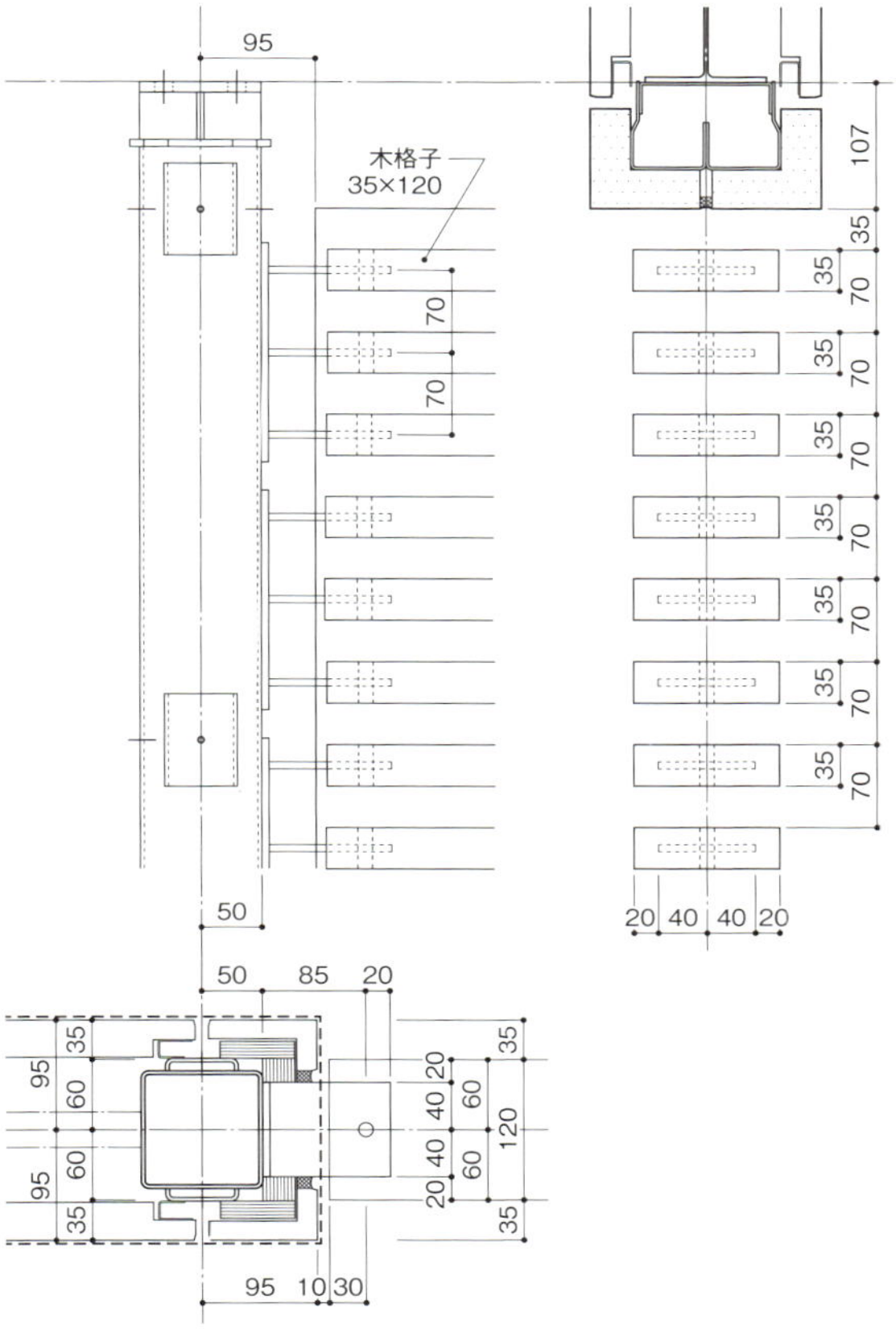

木製格子詳細図 S＝1：80

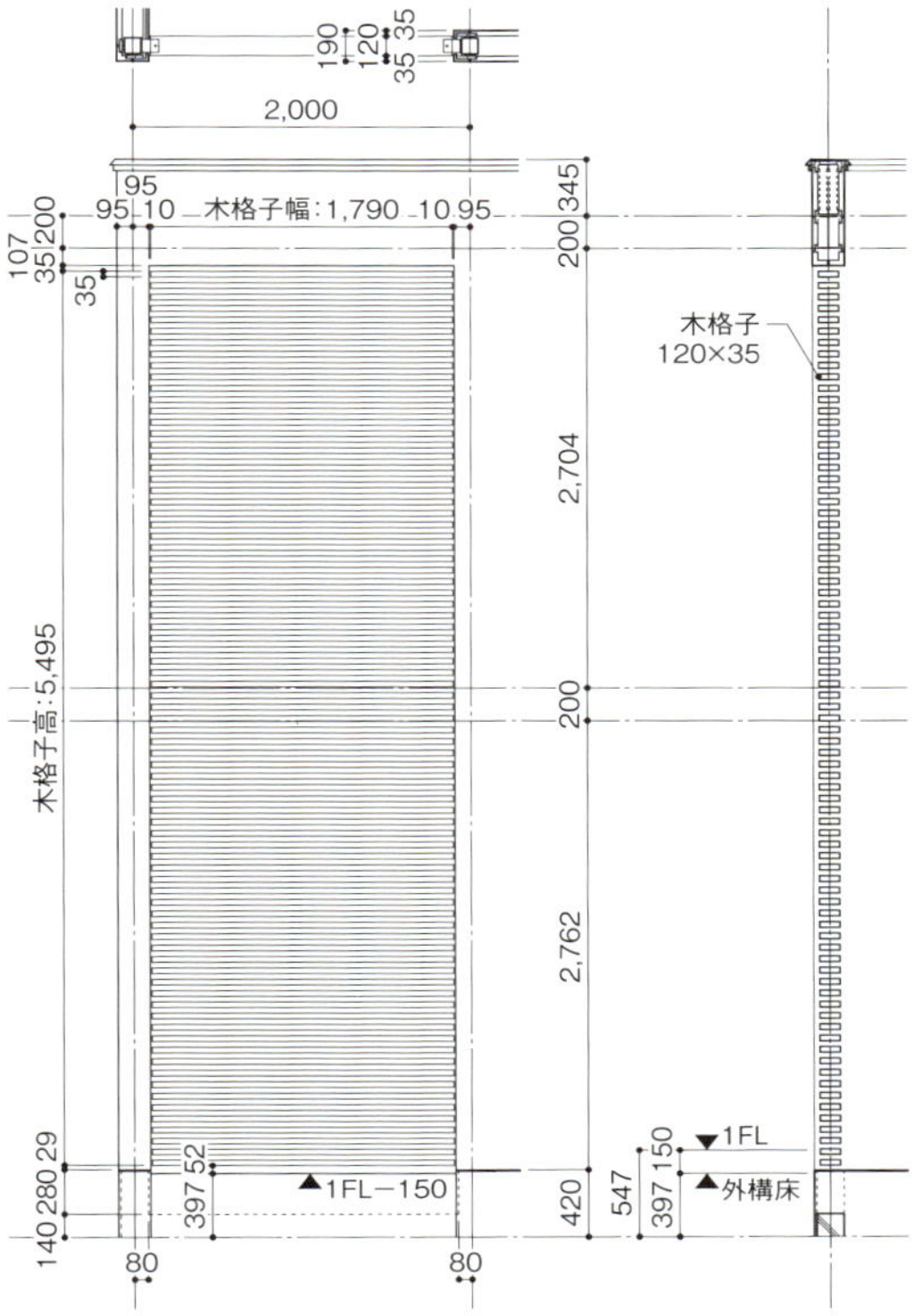

外壁は、緑が映える白い塗装仕上げ。さらに基礎も白で塗装し一体化させている。水切りは、目立たないように底目地を入れて内水切りにしている

また、この家は外からの視線を気にすることなく、カーテンなしで生活できるように外壁が立てられています。公園や遠くの山々の緑が見える方向は格子にして、それ以外に窓は1つも開いていませんが、建物と道路の間に外庭をつくって町に緑を提供することで、周囲に威圧感を与えないよう配慮されています。木製格子は、室内からは外の景色が見えるように寸法が決められ、高低差を利用して道路から見たときの視線が中に届かないように格子の奥行が深くなっているという、加藤さんのきめ細かな設計には脱帽です。

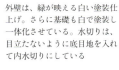

41.

1つの庭をさまざまな高さで眺める

建築家の藤原・室さん設計の「関屋の家」は、約4m×4.4mの中庭を中心に、LDK、寝室、子ども部屋、浴室・洗面室が回廊のように配置された平屋の住宅です。中庭に向けて窓を設けているので、どの部屋からも庭が眺められます。この家のおもしろさは、平屋とはいいながらも、床レベルに高低差をつけ、異なる高さで庭を眺められる点。LDKの対岸に位置する子ども部屋の床レベルは、700㎜下がっています。そのぶん天井が高くなり、窓の大きさも手伝って、とても開放的な空間になっています。

窓際には、グランドラインとほぼ同じ高さの机が造り付けられ、そこに座ると地面に近い位置から庭を眺められます。66ページの「復元・石積の家」が、2階から樹木の枝先を眺めるプランだったのに対して、関屋の家は、下から見上げて、迫るような樹木を楽しむプランです。

この住宅では、コストを抑えるために川砂利の面積を増やし、常に視線が地面に向けられることを考慮して、落ち葉が目立たないように茶色の石を多くブレンドしました。樹木は、子ども部屋側に集めて配置しています。

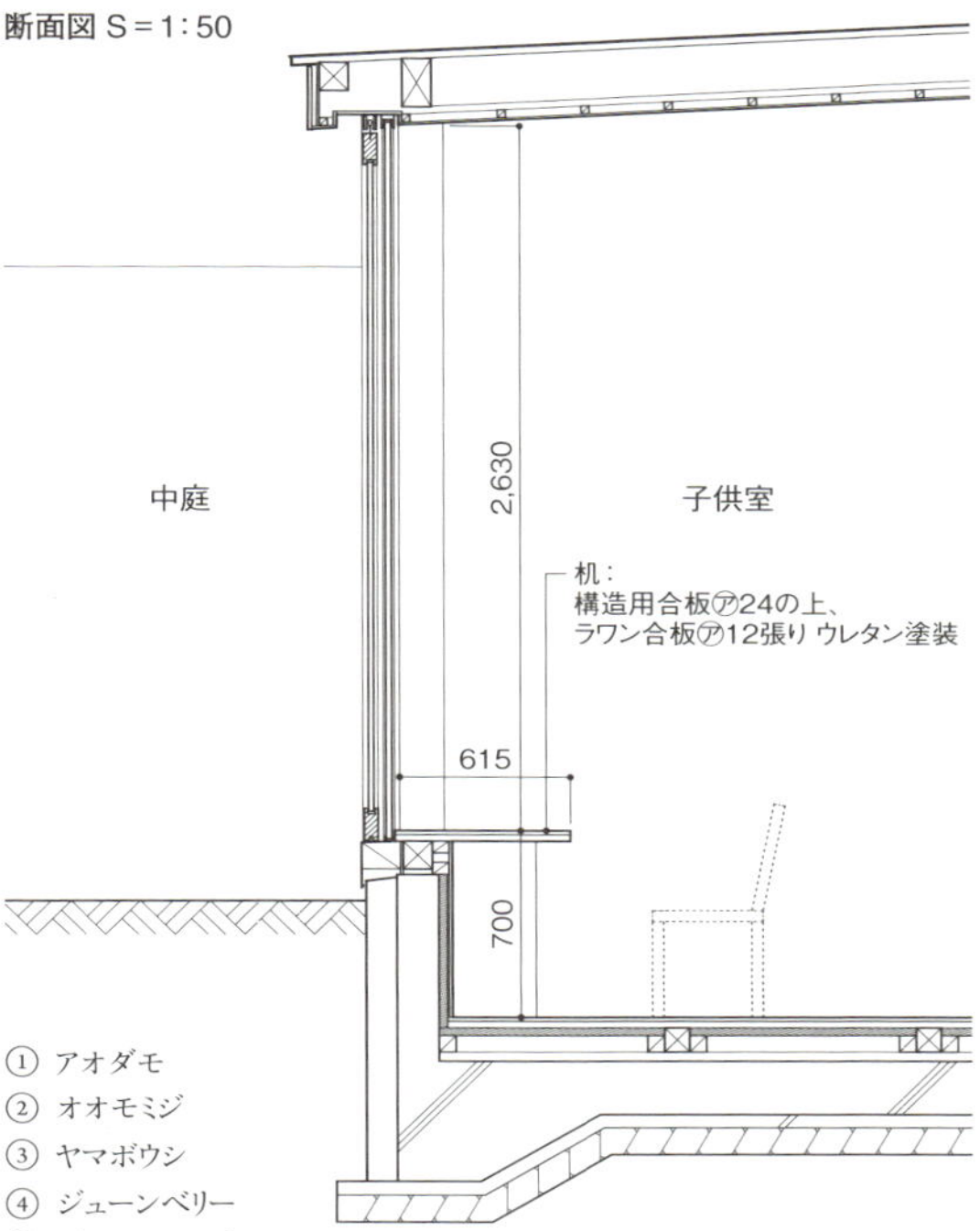

① アオダモ
② オオモミジ
③ ヤマボウシ
④ ジューンベリー
⑤ ゲンカイツツジ
⑥ サンショウ
⑦ ハクサンボク
⑧ イチゴノキ

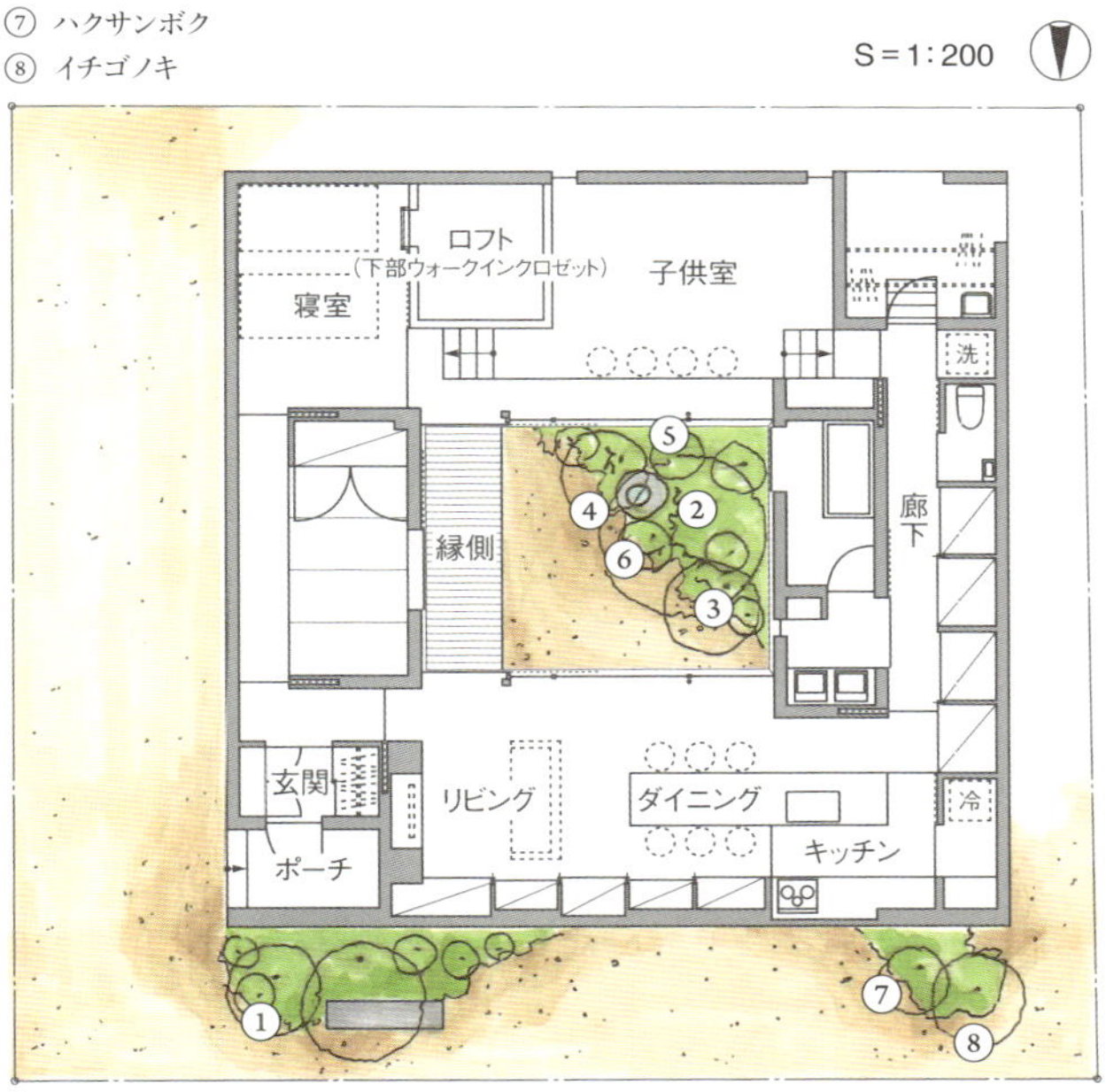

関屋の家（大阪）

設計：藤原・室建築設計事務所
施工：じょぶ
敷地面積：240.68㎡
建築面積：119.68㎡

子供室は、床レベルを下げて、窓に面して机を造り付けているため、地面に近いレベルから庭を眺められる。見上げると樹木が迫ってくるよう。一方、LDKは中庭に対して全面FIX窓に。LDKと子供室をつなぐ縁側は、基礎を立ち上げ、グランドラインを上げて、より庭を近くに感じられるようにしている

42.

どの部屋からも庭を眺められるように

内庭・外庭の家の中庭には、奥様が大事に育てておられた鉢植えの植物を地植えしている。下草には、好きな植物を植えてらいいんです

庭を使えるものにするには、プライバシーが守られた中庭のあるプランがよいと思います。庭に対して、周囲に気兼ねなく窓を開けられる環境はとても快適です。

建築家・横内敏人さん設計の「内庭・外庭の家」は、内と外に2つの庭をもつプランです。中庭を中心に設計され、家具の配置まで庭との関係を考慮して決められていました。

いたるところに庭を向いたベンチやソファが造り付けられており、造園屋としてはどこから見ても美しい庭に仕立てなければならず、気合が入ります。そこで2つの築山をつくり、高麗芝でつなぐ配置にして、庭全体が見渡せるキッチンからは豊かな木立を、和室の低い視線には築山のグランドカバーを眺められるようにしています。中央の芝には木の影が落ち、季節によって違う表情を楽しむことができます。

また、この仕事で勉強になったことがあります。横内さんは、内庭と外庭の両側から使える外物置をつくって、庭道具をしまえるようにしていました。確かにリールホースやスコップを使った後に家の中にしまう人はあまりいません。ほとんどの家が外に出しっぱなしです。それをサッとしまえる場所が外にあるのは、庭を美しく保つ意味でも、とても便利。そんな横内さんの気遣いが功を奏したのか、奥様は毎日のように庭仕事を楽しんでおられるそうです。

内庭・外庭の家（大阪）

設計：横内敏人建築設計事務所
施工：コアー建築工房
敷地面積：328.65㎡
建築面積：177.91㎡

※外観は24ページに掲載

外庭の物置（上）と内庭の物置（下）。いずれも物置のなかには、屋外水栓が引かれてホースをつけたまま仕舞っておくことができる

① コバンモチ
② マツラニッケイ
③ アオダモ
④ モミジ
⑤ ブルーベリー
⑥ フェイジョア
⑦ ヒュウガミズキ
⑧ アズキナシ
⑨ ヤマボウシ
⑩ コバンモチ
⑪ コハウチワカエデ
⑫ ワビスケ
⑬ ジューンベリー
⑭ ナツハゼ

お隣から季節のサプライズ！

「南与野の家」の住まい手のSさんから送られてきた写真です。ある春の日に庭いじりをしていると、庭の塀に開けた地窓の先にチューリップが満開！　季節のサプライズをお隣からもらったと喜んでおられました。

43-54

RECIPES
OF
TOSHIYA OGINO

3

庭で過ごすアウトドアリビング

家族が集まったとき、友人が遊びにきたときには、庭でテーブルを囲み、食事したり、お茶を飲んだりしながら談笑する——そんな休日のひとときも、庭があるから実現できること。この章では、素敵な庭間のつくり方、アウトドアリビングの楽しみ方を紹介しましょう。

43.

庭を間取りの延長で考える

ウッドデッキは使えないと意味がない。声を大にして言いたいと思います。腰をかけて庭を眺める軒下の縁側もよいですが、せっかくなら、庭を生活空間としてとらえ、食事ができるくらいの広さをもつ「庭間」をつくり、アウトドアリビングを楽しむのはいかがでしょうか？　ゲストを招いたときに全員が座れるぐらいの広さがあるとよいと思います。

また、庭間は、キッチンから近いところにもっていきましょう。いわば第二のダイニングですから、キッチンからの動線が重要です。たとえば、2階に大きなルーフバルコニーをつくるとします。そこで食事やお茶をして過ごすことを思い描いたとしても、1階にキッチンがあったら、バルコニーまで料理を運んだり、食器を片づけたりするのに階段を上り下りしなくてはならないのは面倒です。そのうち「ダイニングで食べたほうが楽や」と言うようになって、せっかくのルーフバルコニーもあまり活用されないままとなってしまいます。多くの家が、ウッドデッキを後付けにするので、期待したほど使えていない家が少なくありません。庭も過ごす場所ですから、ほかの部屋と同じように動線計画を考えるようにしてください。

造園計画では、どこにテーブルを広げるかを考えながら、周辺に緑を添えていきます。扇建築工房の「家代の家」では、8畳の広いウッドデッキがあるプラン。そばに浴室があったため、そこには目隠しの木を植え、反対側にも高木を入れて、木と木の間に庭間をつくる植栽を提案しました。

ウッドデッキの真ん中に低木を植えているケースをよく見かけますが、枝や葉が邪魔になるため、植えるなら4～5mの高木をおすすめします。下枝がなく、木の下を楽に人が通れるうえ、木陰ができるので気持ちのよい場所になります。

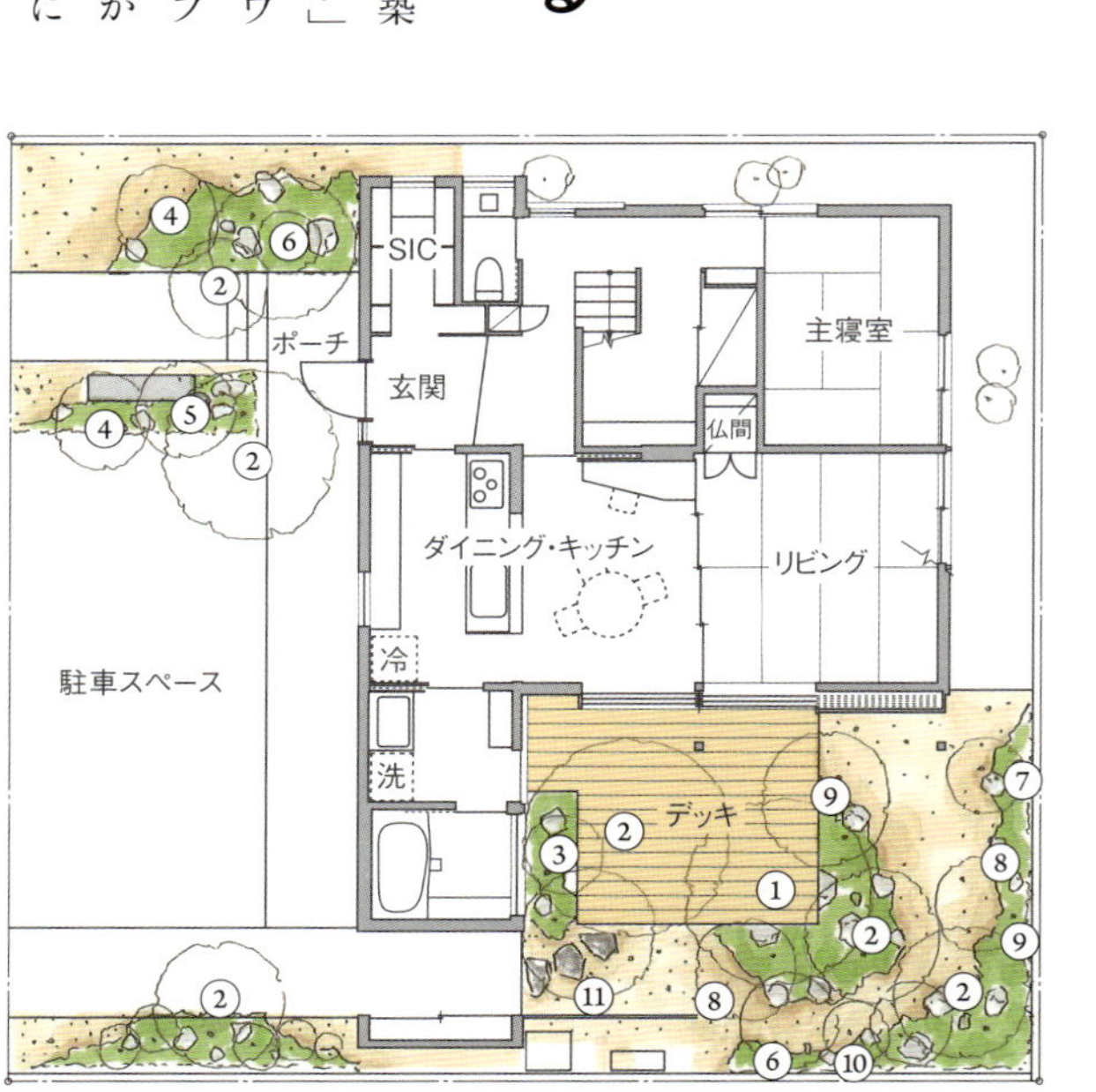

① モミジ
② アオダモ
③ ノムラモミジ
④ ナツハゼ
⑤ コハウチワカエデ
⑥ ソヨゴ
⑦ シラキ
⑧ ヒュウガミズキ
⑨ イワツツジ
⑩ ナツハゼ
⑪ ヒゼンマユミ

S＝1：200

ウッドデッキの両側に高木を植え、樹木に包まれたような空間をつくった。晴れた日には、モミジの木漏れ日がデッキの上で涼しげに揺れる。デッキ廻りには砂利を敷いて河原に見立て、川床料理屋のようなイメージに。この家では、来客をウッドデッキでもてなすという

家代の家（静岡）

設計：扇建築工房
施工：扇建築工房
敷地面積：225.51㎡
建築面積：76.39㎡

44. ウッドデッキでおもてなし

ウッドデッキの魅力のひとつに、部屋履きのまま出られるという気軽さがあります。外履きに履き替えなければならないと、途端に使わなくなるものです。室内の床と段差をつくらずフラットにするとよいですね。心理的な敷居がなくなって、さらに使いやすくなります。

庭間で使うテーブルは、室内外で兼用することをおすすめします。屋外用のテーブルセットも売っていますが、外に置きっぱなしではいざ使うときに埃を払ったり拭いたりしなければならず、使わないときはスペースをとるだけで邪魔になります。しまっておくとしても、今度は収納場所が必要になる。それならダイニングテーブルを「今夜は月がきれいだから、外にテーブルを持っていこう」って、ウッドデッキに出ていくほうが、よいと思いませんか？

「家代の家」は、畳リビングなので、ウッドデッキの上でもちゃぶ台を使います。魚を七輪で焼くときには、このちゃぶ台の高さがちょうどいいものです。また、ウッドデッキのそばに手水鉢を置いておけば、食事をするときにはワインクーラーのようにして使うこともできます。氷をたっぷり入れて、シャンパンやらビールやらを冷やしておき、「お好きなものをどうぞ」と取ってもらう。夏にはスイカを入れておくのもよいですね（笑）。

ウッドデッキのそばに置いたアンティークの手水鉢は、ワインクーラーとして利用

窓をフルオープンにすると広い庭間が畳リビングとつながる

45.
ウッドデッキの素材

ウッドデッキの素材は、建物に合わせて選べばよいと思います。耐久性を考えたら、高価ですがイペやウリンといったハードウッドを使います。ただし、硬い素材なので足触りがよくない。気になるのであれば、布を1枚広げれば解決します。ラグを敷いて、床に座ったり、クッションを持ち出して寝転んだりするのもよいでしょう。

一方、スギなどの針葉樹は軟らかくて足触りもよいのですが、メンテナンスが必要です。外壁が板張りであれば、同じ素材を使って外壁といっしょにメンテナンスをしていくという手もあります。家代の家では、デッキ材にサイプレス（無塗装）を使用し、メンテナンスは傷んだ時に傷んだ部分を張り替えるようにしているそうです。

ウッドデッキを包むようにモミジやアオダモを添えている

46.
RC基礎で植物をより近くに

ウッドデッキは束で支持するのが一般的ですが、できれば基礎を打ってほしいと思います。そうすることで基礎を背に山を盛って築山をつくることでグランドラインを上げることができます。グランドラインが上がると、ウッドデッキと植物の距離が近づくため、草や花を身近に楽しむことができるのです。RCを打つのが難しい場合は、コンクリートブロックでも大丈夫です。

もちろん束で支持した場合も、砂利を敷いてグランドラインを上げることはできますが、デッキの下にゴミや雑草・小動物が入ったりすると厄介ですし、住宅の基礎と一体化していればそのような心配はいりません。

基礎に土や砂利を寄せて、グランドラインをウッドデッキの高さと同じくらいに上げることで、植物をより近くに感じられる

伊左地の家（静岡）

設計：扇建築工房
施工：扇建築工房
敷地面積：276.45㎡
建築面積：116.92㎡

47.

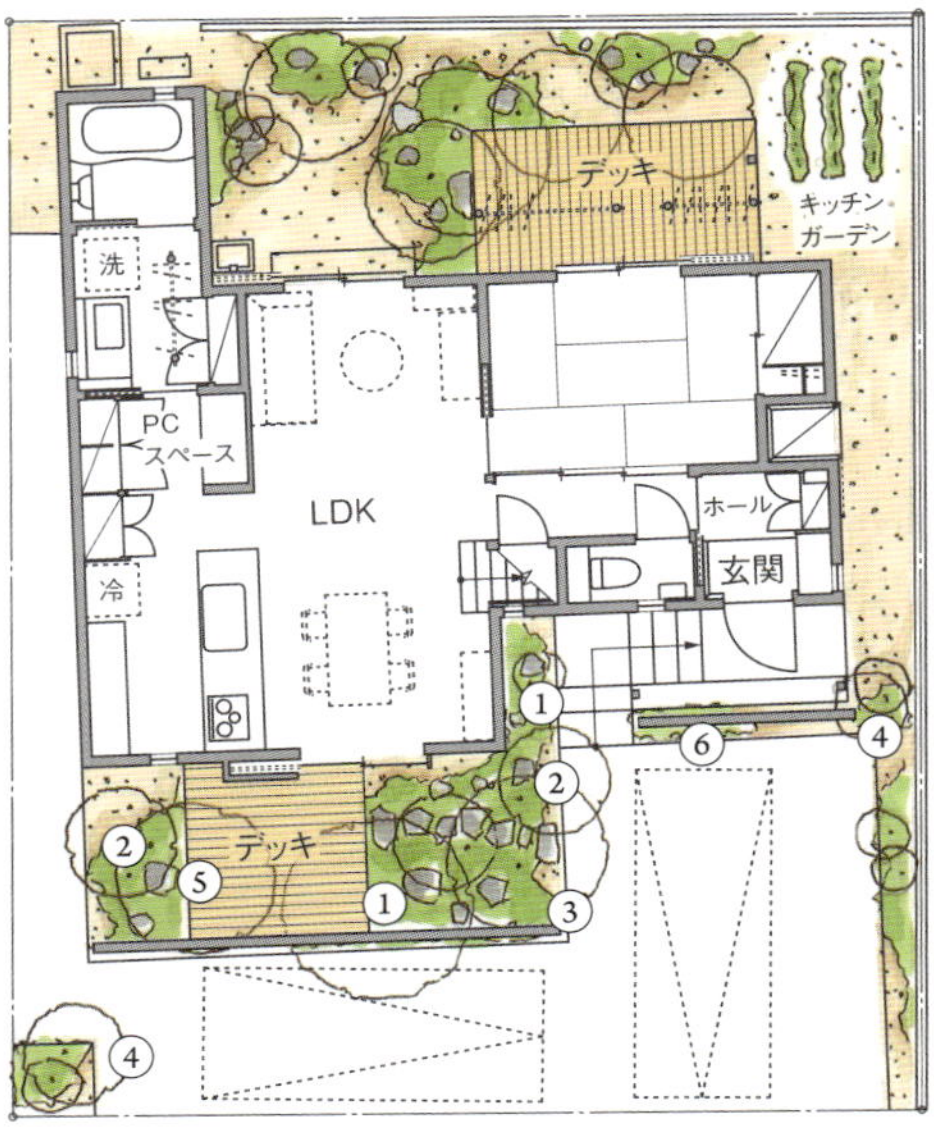

小さくても庭間はつくれる

リビングやダイニングから出やすく、奥行きが2mほどあって、ある程度のプライバシーを確保できれば、小さくてもおおいに使えるデッキテラスをつくることができます。谷口工務店の「彦根の家」は、建物と塀の間の余白を使って、デッキテラスをつくりました。小さなスペースでも数人が座れるように、コンクリート塀からベンチを持ち出してつくっています。

彦根の家（滋賀）

設計：谷口工務店
施工：谷口工務店
敷地面積：182.70㎡
建築面積：70.48㎡

わずか2.4m×2.4mのスペースに盛土してつくった3.5畳のデッキテラス。アプローチからも石段を上がってアクセスできる。コンクリート塀を立ててプライバシーも確保

48.

よい景色がないときには——

リビングから小さな桟橋を渡ってアプローチするデッキテラスは、三角の敷地を上手く利用したスペース。リビングとの間に植栽することで、デッキからも室内からも緑を近くに感じられる。道路沿いのため、ベンチは内側に向けてつくった

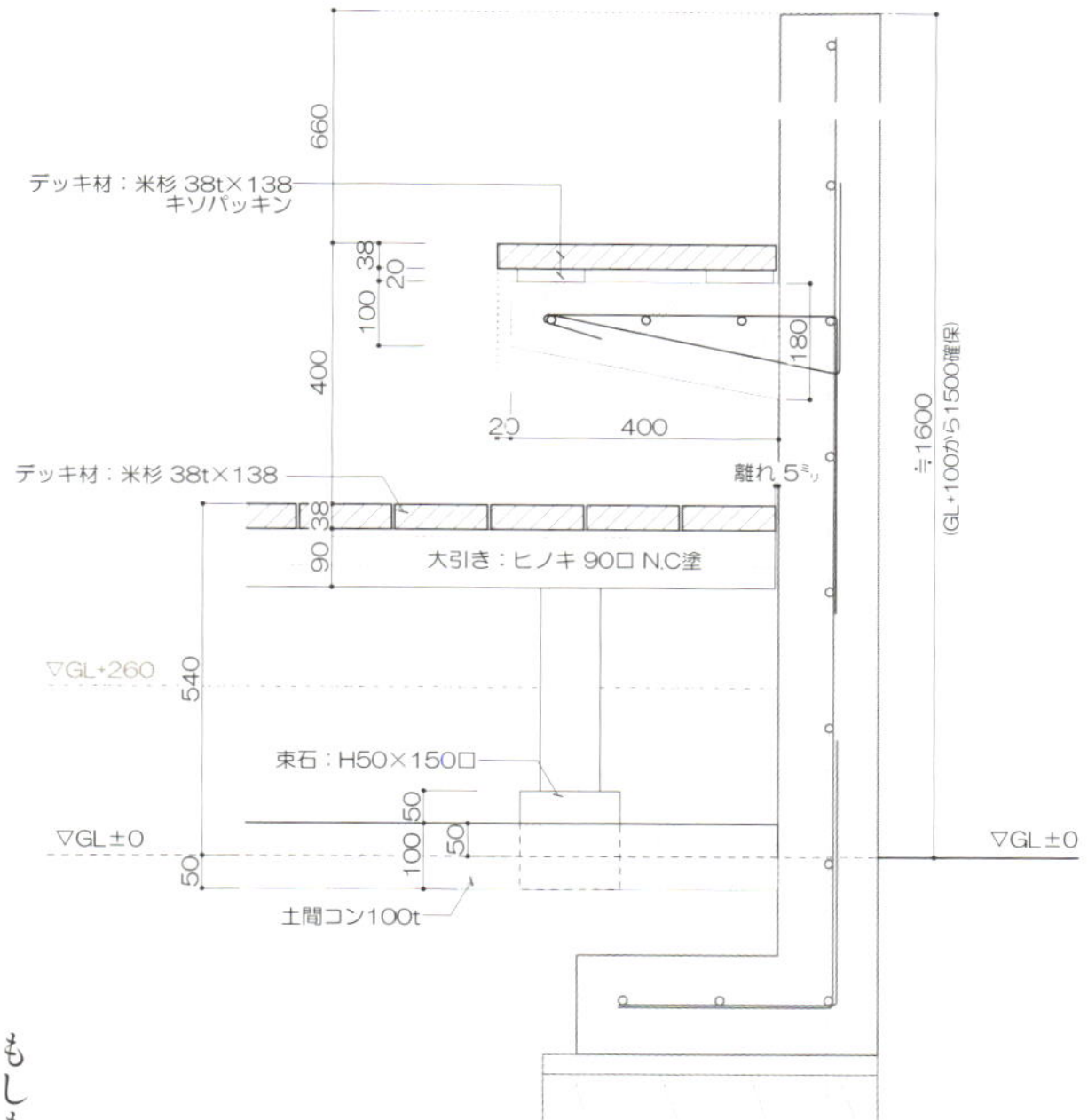

持ち出しベンチ断面図
S=1:20

もしもウッドデッキの周りによい景色がない場合は、塀を立ててベンチを室内に向けてつくります。自分の家と庭、暮らしをゆっくりと眺めるのも、日常の安らぎを感じられるひと時です。緑を挟んで室内にいる家族と会話ができるのも、小さな贅沢でしょう。

谷口工務店社屋（滋賀）

設計：伊礼智設計室
施工：谷口工務店
敷地面積：396.60㎡
建築面積：171.07㎡

49.

ウッドデッキは少しずらして

一般的に庭はリビングのそばにつくりますが、最近ではリビングの延長のようにしてウッドデッキを設けることが多いようです。その際、リビングの窓の幅いっぱいにデッキを敷いてしまうと、木や花をリビングから遠い場所に植えることになってしまいます。これでは、室内から楽しむことができないので、デッキをリビングの窓から少しずらして配置し、木や花をリビングの窓のそばに植えるようにします。このとき、少しグランドラインを上げて窓に緑を近づけるとよいでしょう。冬でも窓の外の緑を近くに感じることができます。

龍田の家（熊本）

設計：伊礼智設計室
施工：すまい工房
敷地面積：215.14㎡
建築面積：126.56㎡

※2階平面図84ページ掲載

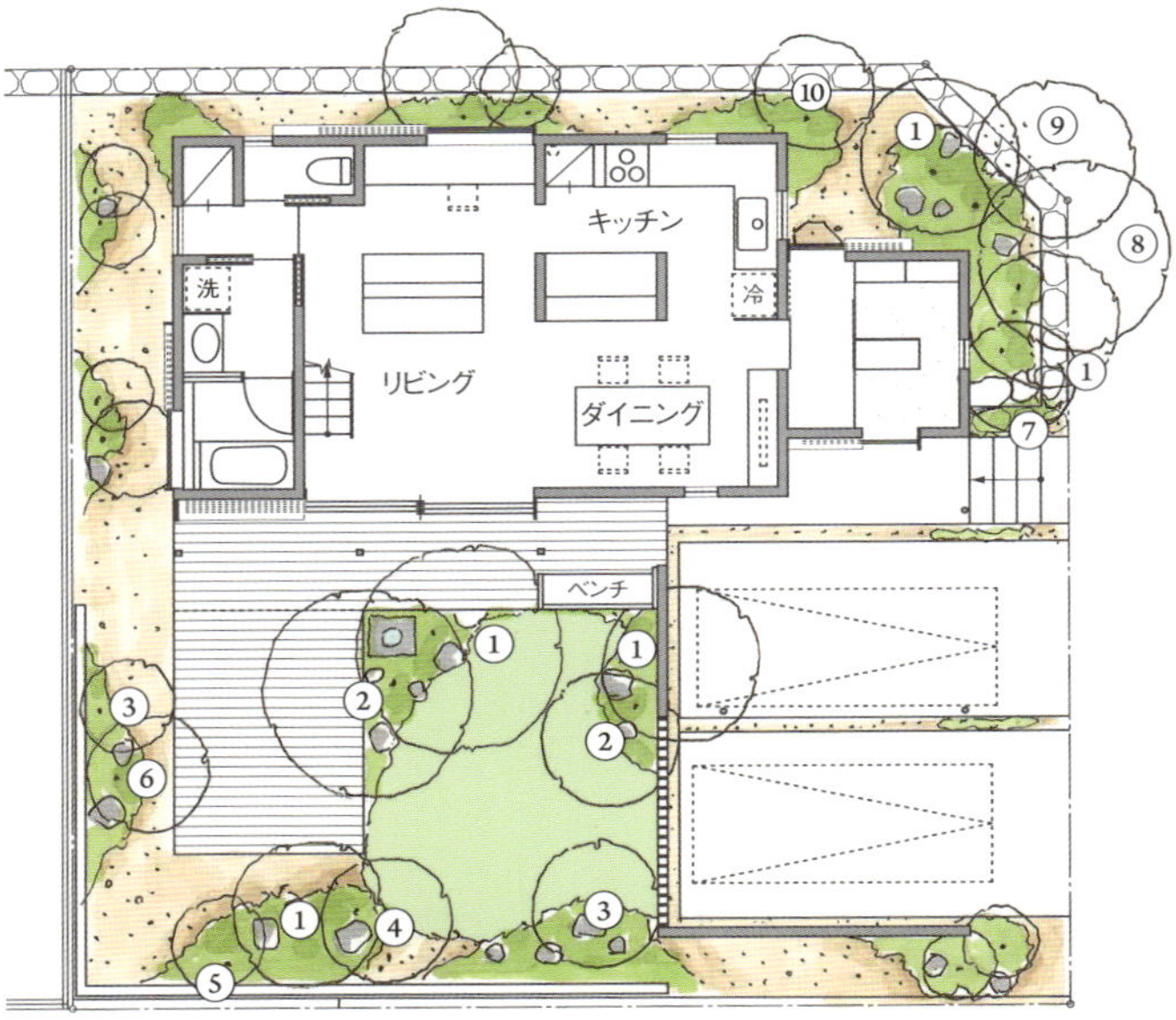

① アオダモ
② モミジ
③ マツラニッケイ
④ ジューンベリー
⑤ アラカシ
⑥ コナラ
⑦ アーモンド
⑧ アズキナシ
⑨ ハウチワカエデ
⑩ カラタネオガタマ

S=1:200

50.

外飯のすすめ

兵庫県のヤマヒロさんの「五軒邸モデルハウス」では、芝生の庭でバーベキューする暮らしを提案している。そこでレモンやブルーベリーなど実のなる植物を植えた

外で食べるごはんはおいしいものです。自然に囲まれた場所で、火を囲み、ご飯を食べる。森の中で生きてきた野性的な感覚が残っているのかもしれません。気候のいい日は、外に出て、木漏れ日の中で食事ができたら最高の贅沢です。それが自分の家の庭だとしたら、もう言うことないですね（笑）。

私は庭に食べられる植物をよく入れます。ブルーベリーやビルベリーといった低木を植えたり、ローズマリーやタイムといったハーブを下草に織り交ぜたりします。見た目にも舌にもうれしい植物たちです。庭でとれたブルーベリーのジャムで作ったサンドイッチを、自分の庭の木の下で食べるのはとても幸せなひと時でしょう。つくった庭を精一杯使いこなしてほしいと思います。

スペースに余裕があれば、コンクリートでアウトドアのキッチンをつくることもできます。キッチンといっても流し場と作業台があれば十分です。そこにカセットコンロを持ってくれれば、キッチンのできあがり。その場で調理できると、アウトドア感がぐっと増しますよ。

田頭健二さん設計の「小坂の家」は、3台分のガレージの上に芝生を敷いて庭にしたプラン。シークヮーサーやレモンなどの柑橘類、ヤマモモ、ジューンベリー、ビルベリー、ハーブ類を植え、屋外パーティができる贅沢な空間になりました。

小阪の家（大阪）

設計：田頭健司建築研究所
施工：アーキッシュギャラリー
敷地面積：346.74㎡
建築面積：254.48㎡

※断面図97ページ掲載

51.

都会でも提案できる屋上菜園

① ブルーベリー
② レモン
③ フェイジョア
④ スダチ
⑤ ダイダイ
⑥ ハーブ類

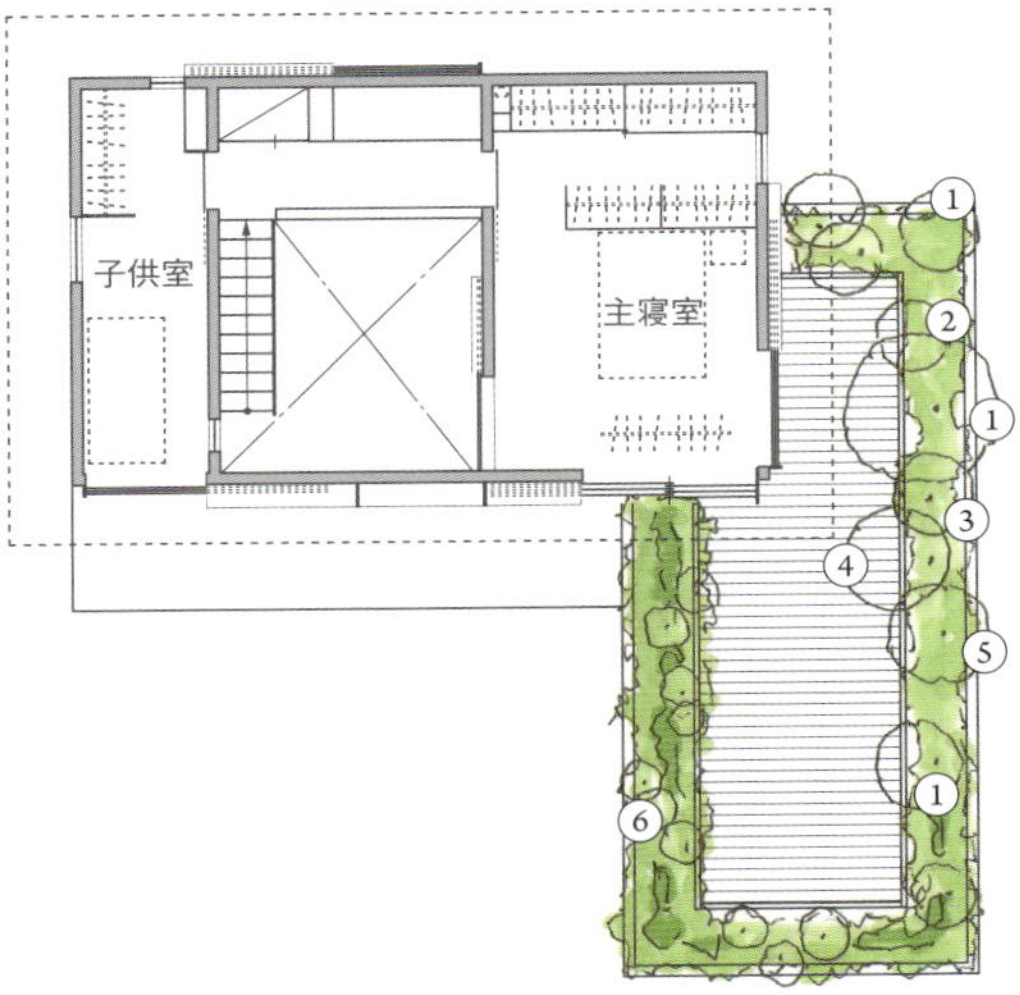

龍田の家
2階平面図 S=1:200

※1階平面図82ページ掲載

駐車場の屋根の植物は、通りがかった人の目にも止まり、実がなったり、紅葉したりすれば季節の変化に会話も生まれる。写真は11月下旬撮影

伊礼智さん設計の「龍田の家」は、駐車場の屋根の上にウッドデッキを敷き、その外周部に土を入れて、トマトやブルーベリー、ハーブなどの菜園をつくりました。荷重をかけないために菜園は外周のみにして、駐車場の屋根は鉄柱で支持しています。屋根全体を緑化するとメンテナンスも大変ですが、外周部だけであれば手入れもしやすいです。

食べられる庭は楽しい

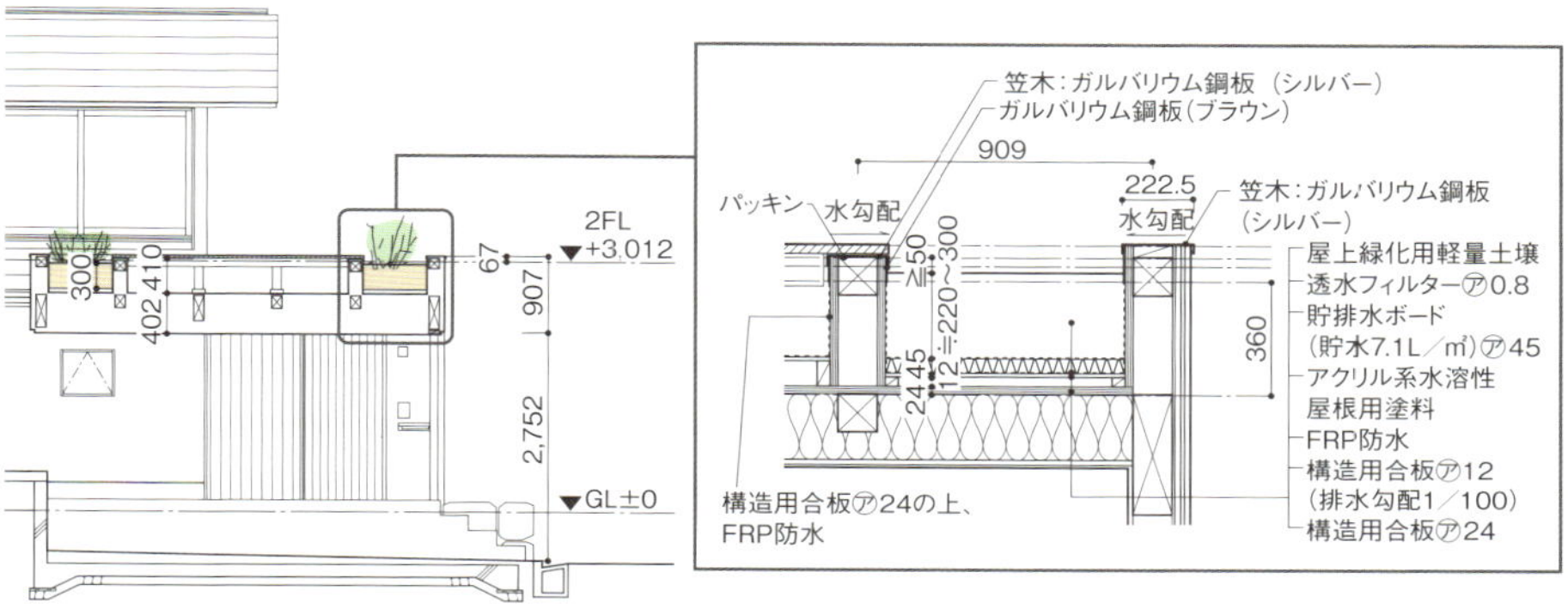

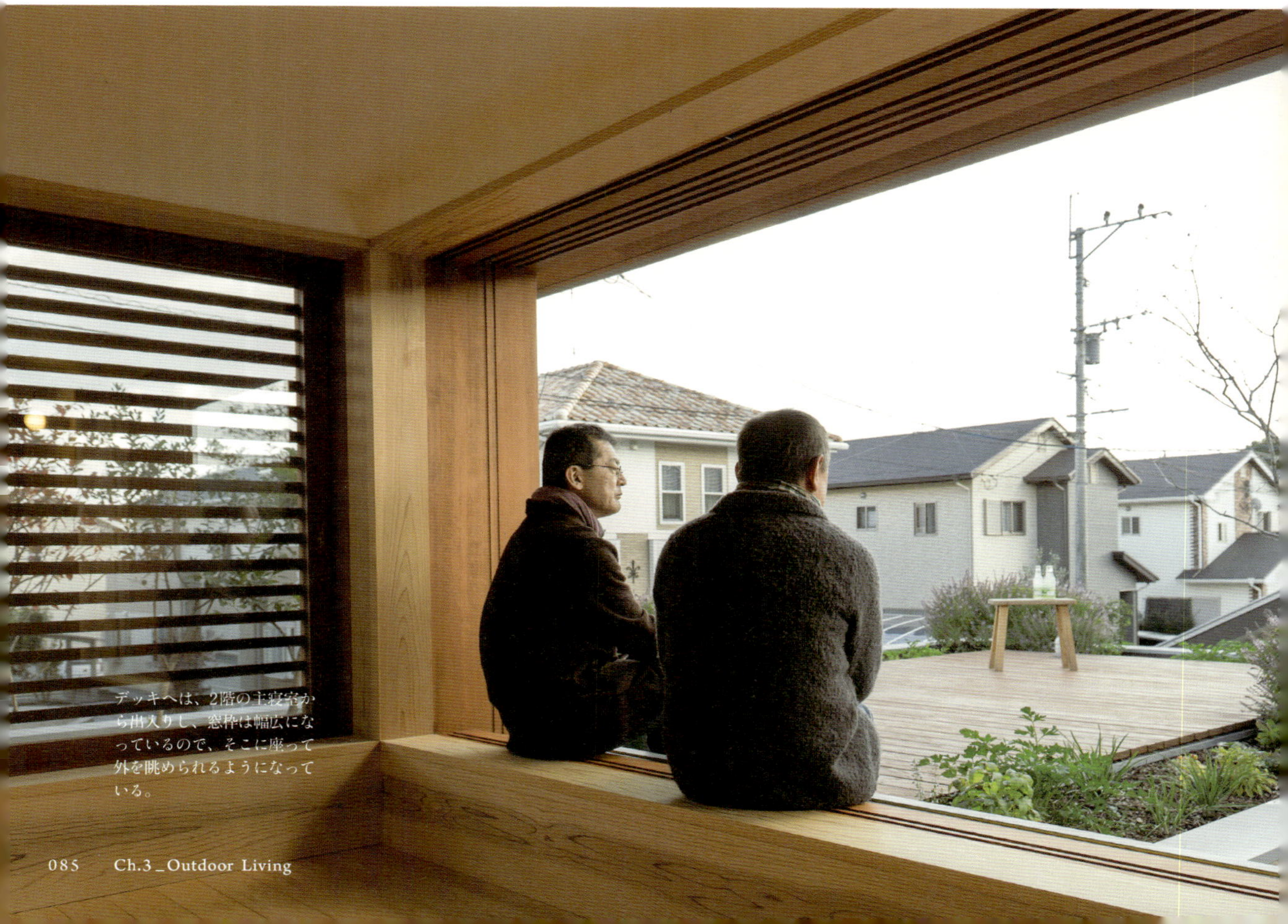

デッキへは、2階の主寝室から出入りし、窓枠は幅広になっているので、そこに座って外を眺められるようになっている。

52.

軒下テラスのダイニング

前述に室内とフラットにつながるウッドデッキの話をしましたが、地域や条件によっては、フラットにつながらないほうがよいこともあります。

たとえば鹿児島では、桜島の噴火で灰が降るため、完全なオープンテラスではなく、軒や庇で灰を除けつつ、掃除しやすいように室内から一段下げて石張りにするなどのつくり方をします。ベガハウスの「庭間の家」は、175cmの深い軒下を利用した庭間があります。ダイニングと隣り合わせで、テーブルセットも置かれています。休日になると「今日は外で食べる?中で食べる?」という会話になるのだとか。植栽は、テラスは道路に向いているため、植栽計画ではプライバシーの確保に配慮しました。駐車場→塀→植栽→テラ

庭間の家（鹿児島）

設計：ベガハウス
施工：ベガハウス
敷地面積：166.12㎡
建築面積：77.42㎡

「庭間の家」は、キッチン・ダイニングのそばに土間をつくり、オリジナルの屋外用テーブルセットを置いている。深い軒下空間では、少々の雨でもバーベキューができる

スというように塀とテラスの間に植栽を挟むことで、道路からの距離感を生み出しています。

① ミヤビザクラ
② モミジ
③ カラタネオガタマ
④ ハヤトミツバツツジ
⑤ アオダモ
⑥ 西洋ツツジ・エクスバリーアザレア
⑦ ヤマボウシ
⑧ トサミズキ
⑨ 中国ツバキ
⑩ ソヨゴ
⑪ アオキ
⑫ ハイノキ
⑬ カクレミノ

平面図 S=1:200

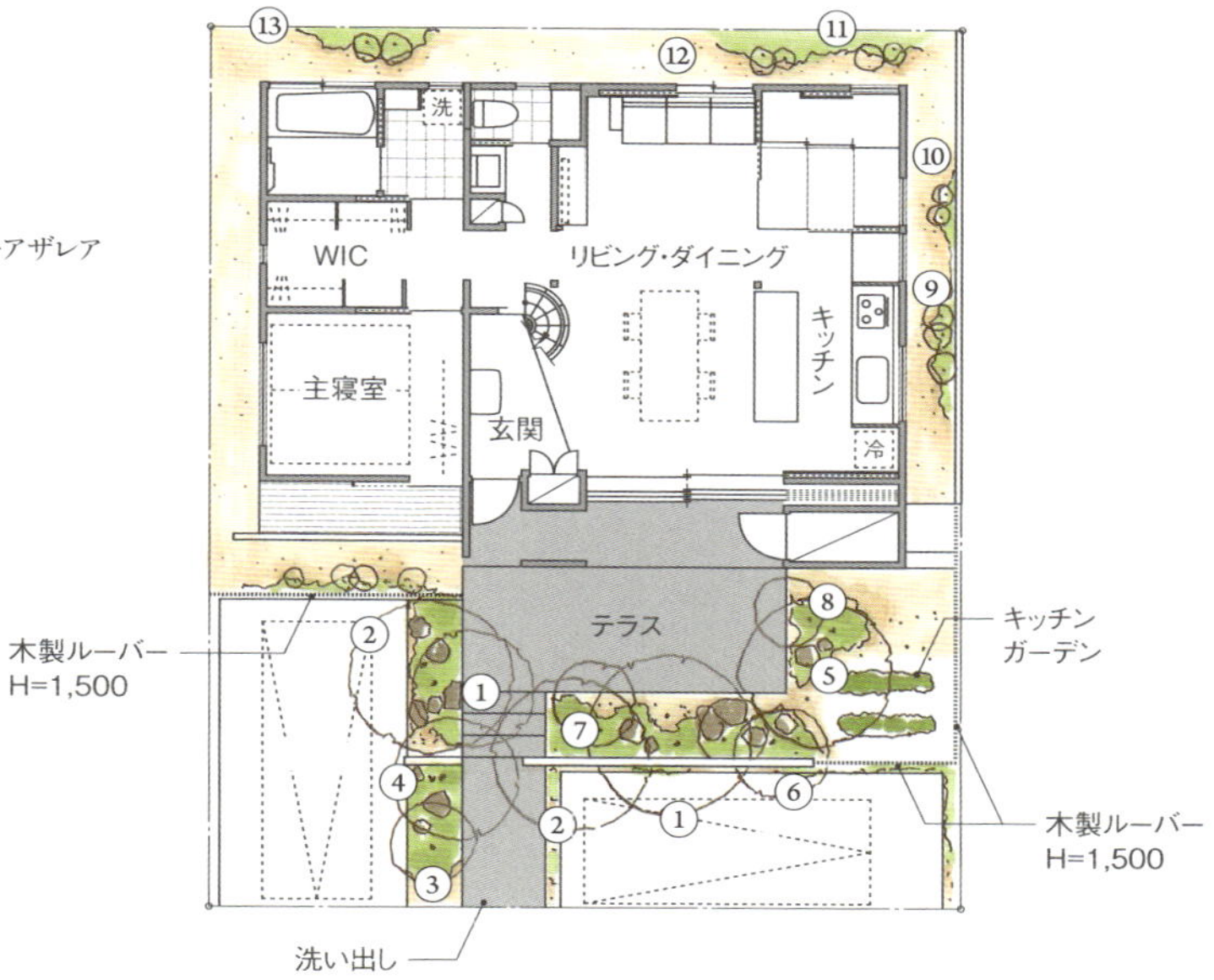

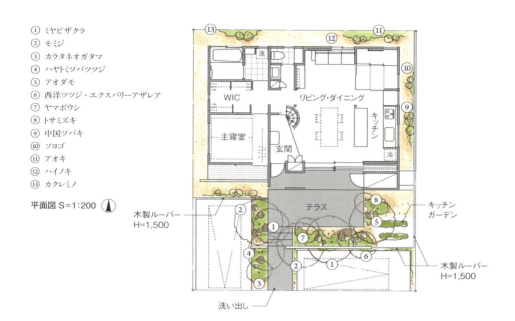

53.

町と家の間を豊かな場所に

町と家の間、中間領域を豊かにつくることは自然を生活に取り組むうえで重要な考え方です。

「下田の家」(設計:伊礼智設計室)は、2階リビングに隣接した屋根付のルーフバルコニーがあります。ここがバッファーゾーンとなって町からの距離を保ち、また西日が室内に直接入るのを防ぐ役割も果たしています。午後になるとウッドデッキの上に木の葉の影が落ち、風がそよぐとそれがゆらゆら揺れ、心地よい空間をつくり出します。光と風と自然を感じられる、豊かなプライベート空間です。

また、ここでは7mのアオダモを1階のピロティから、床を突き抜けて、屋根の上までまっすぐ伸ばすということを試みています。日常生活で樹木を身近に感じてもらえると同時に、外に植えたアオダモとつながって、もともと木が植わっていた場所に空間をつくったような演出効果も期待しています。外から見ると、まるでその木をよけて家が建てられているようにも見えて、その控え目な姿が、とても気に入っています。

屋根付きのルーフバルコニーは、光も風も雨も入ってくる外のような内のような場所

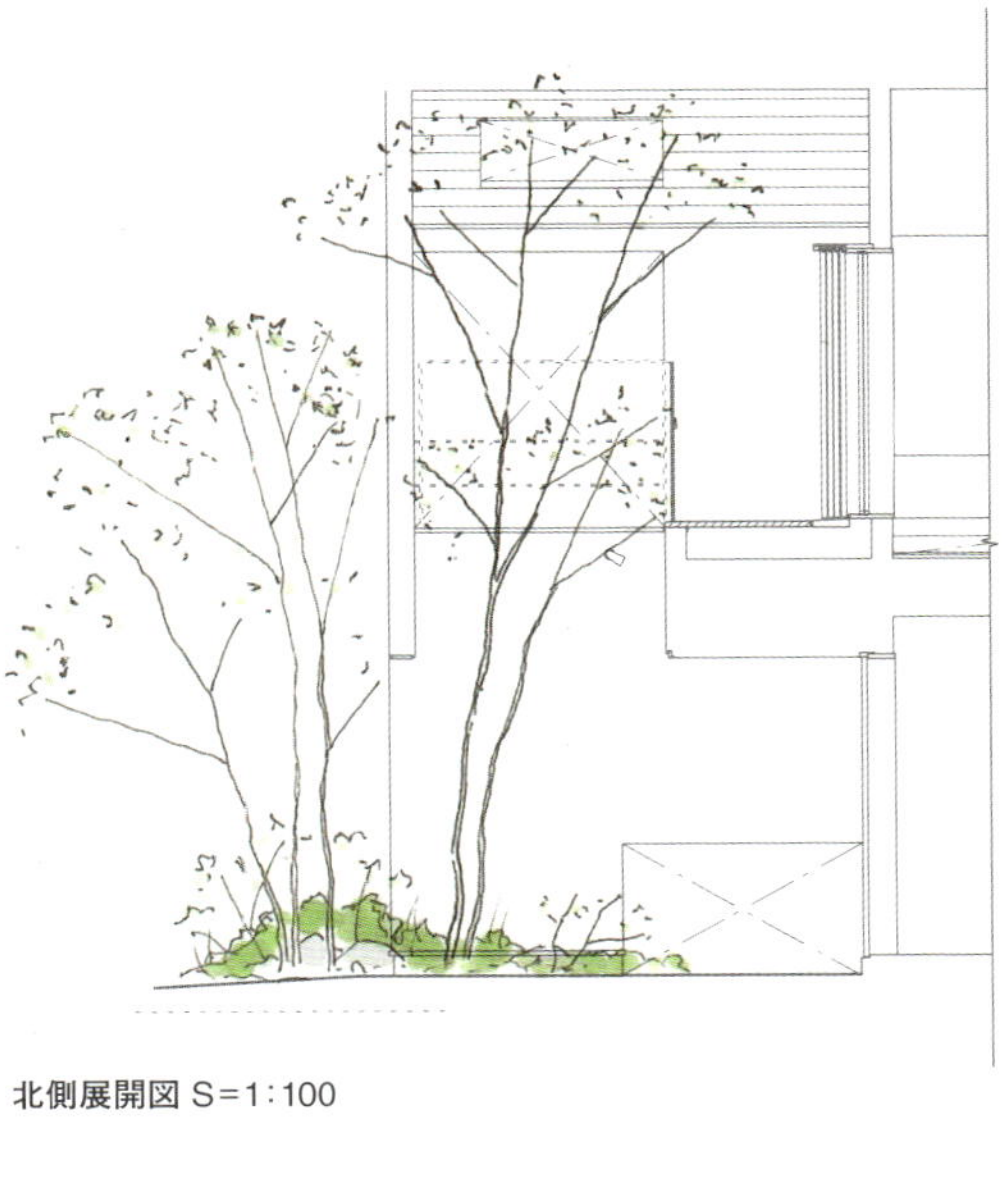

北側展開図 S=1:100

手すり姿図 S=1:20

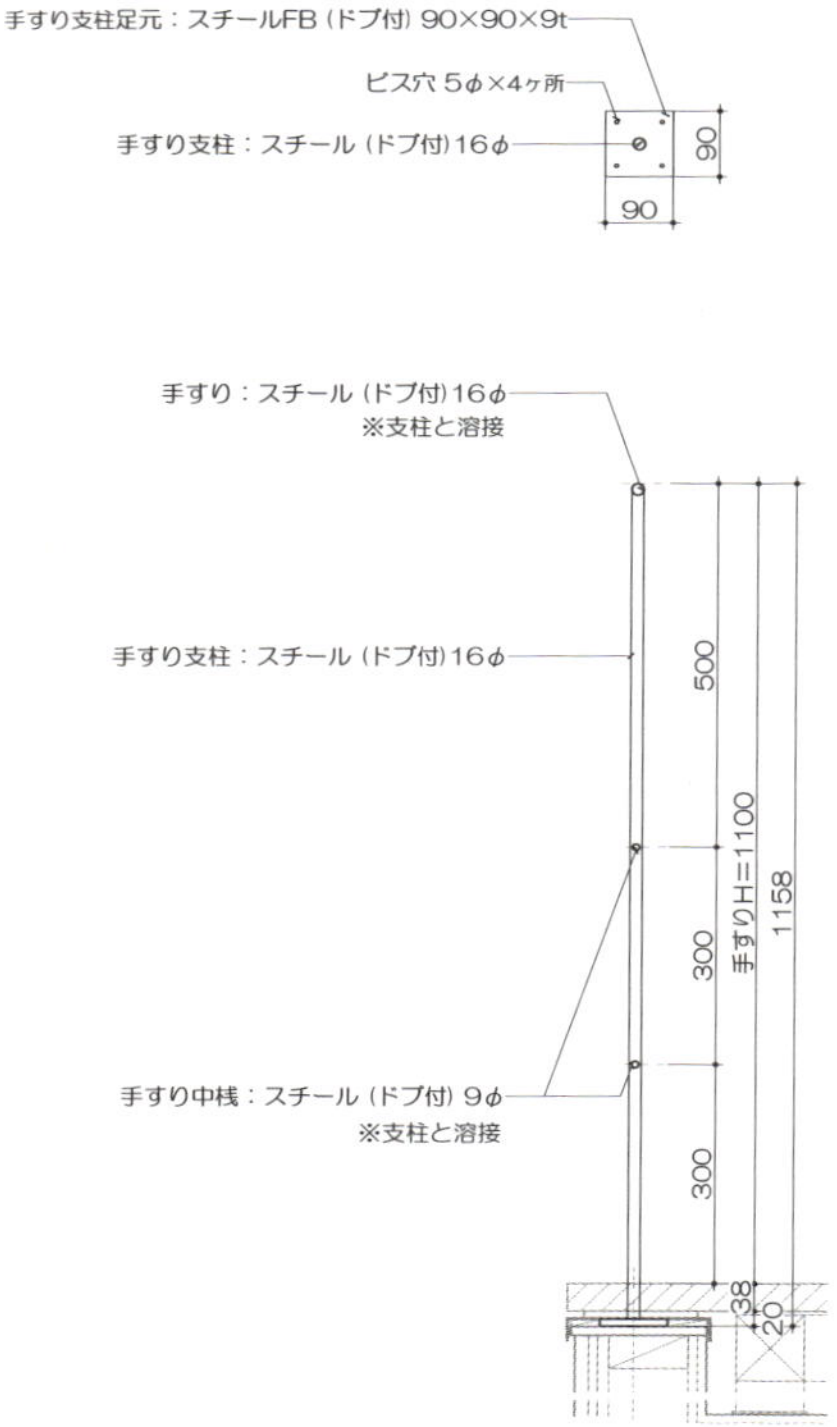

ピロティに植えた7mのアオダモがルーフバルコニーを通って、屋根まで伸びる

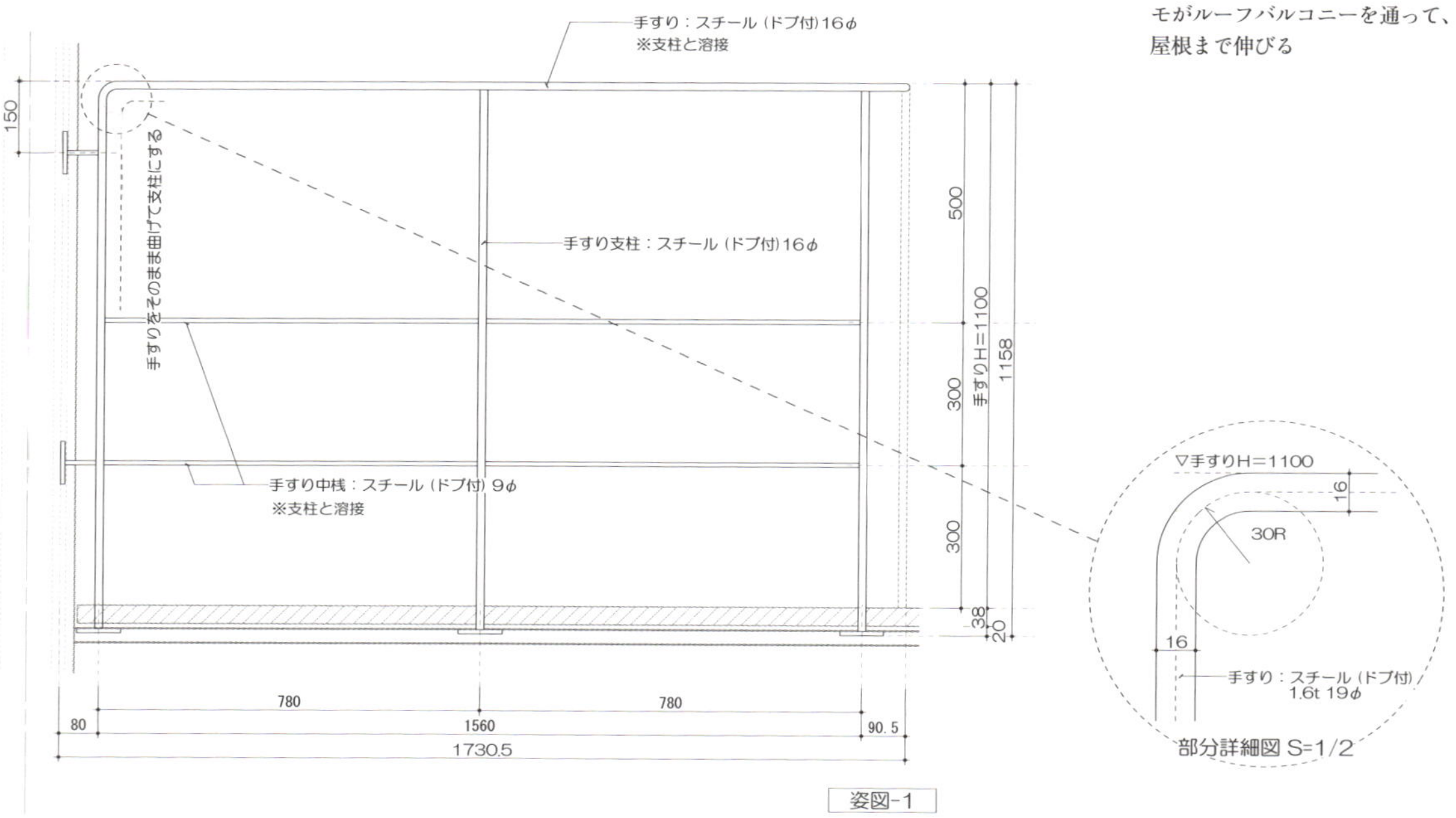

54.

木の幹をきれいに見せる手すり

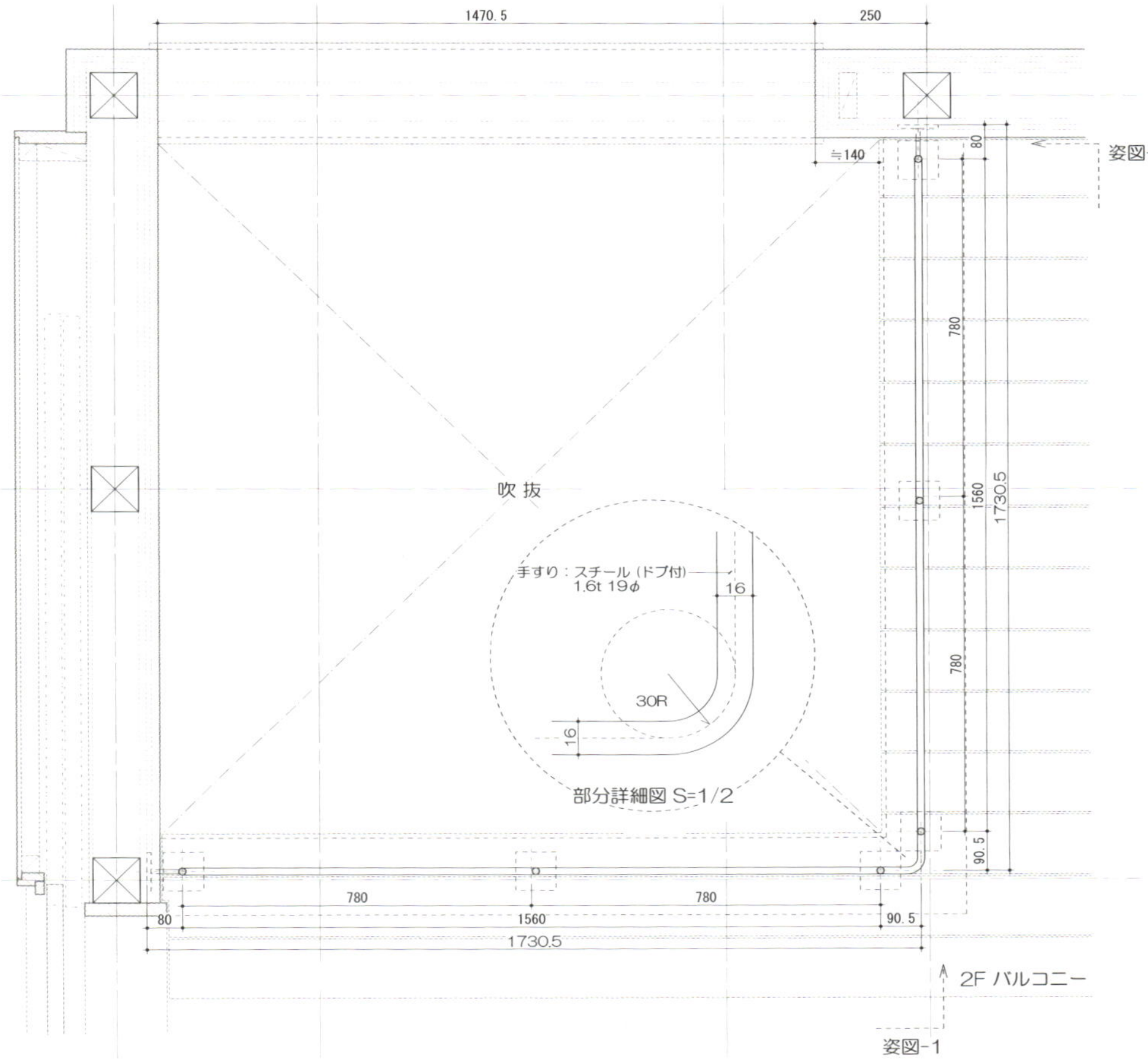

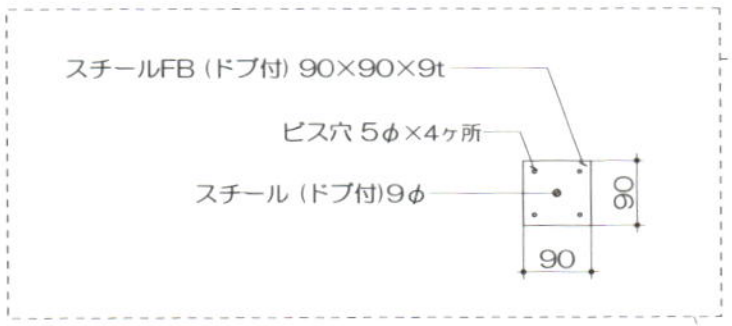

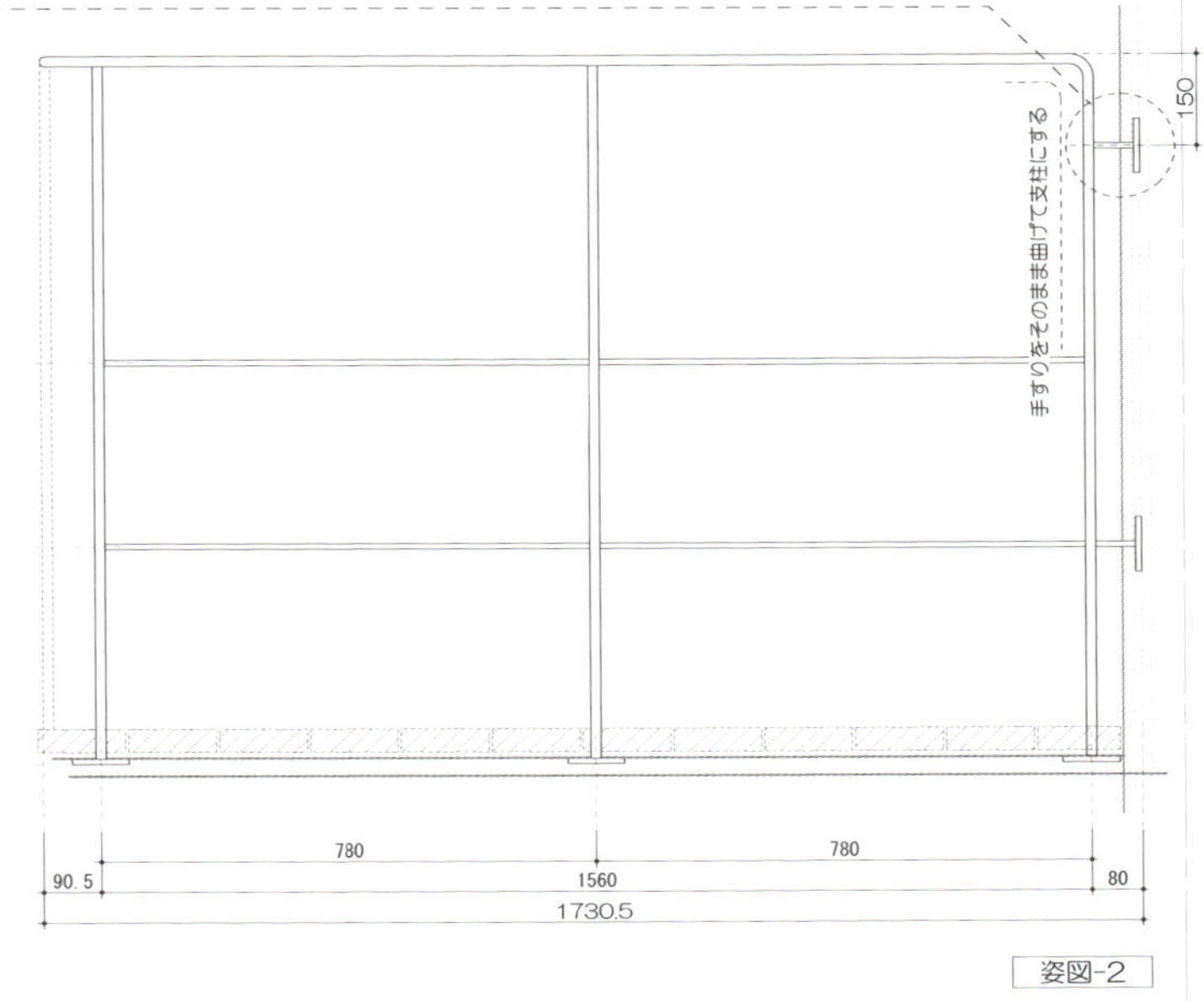

手すりは、ノイズにならないように華奢でシンプルなデザインが理想

日常生活のなかに
外を楽しめる場所を

55-67

RECIPES OF TOSHIYA OGINO

4

庭をしつらえる演出とディテール

よく吟味された材料とデザインで、丁寧につくられたものは、おのずと美しさを醸し出すものです。限られた費用を手間にかけるか、材料にかけるか、はたまた知恵にかけるか——。いずれにせよ、質の高いものをつくることは、エネルギーがいるものです。この章では、より美しい庭をつくるための工夫と仕掛けについてお話しましょう。

55.

芝庭の魅力

夏、ウッドデッキは直射日光が当たると熱くて歩けたものではありませんが、芝生は素足で外に出て庭を歩き回れます。芝生自体が温度調整するので、夏でも熱くないのです。庭は外部空間に平らな場所をつくったことが起源だといわれていますが、芝生の庭は、小さな子どもが走り回れて、転んでもけがをしない、土埃が立たない、夏の暑さをやわらげる、見た目もきれいなど、たくさんよいことがあります。芝生に勝るグランドカバーはないといってもよいでしょう。

庭づくりは、雑木の庭と芝生をうまく組み合わせることもポイントです。ただし、芝の根は強くて他の植物ゾーンに侵入してしまうので、芝生との境界にはランナー止めを入れます。ほか

隣接する公園の緑と建物の黒いフレームが庭の樹木と芝生の緑をいっそう引き立てる。緑視率・緑被率からも、芝生は人の目と街の環境に優しいグランドカバー

の植物に入り込んで混ざることが少なくなり、刈り込みもしやすくなります。芝生は、大きく分けて日本芝と西洋芝に分かれます。日本芝は暑さに強い「暖地型」、西洋芝は寒さに強い「寒地型」と呼ばれることが多いです。住宅においては、日本芝の一種の高麗芝を使うことが多いです。芝生の管理は思っているよりも難しくありません。138ページにまとめていますので、参考にしてください。

建築家・彦根明さん設計のHouse Mは、広い中庭を中心に住居棟とアトリエ棟が向かい合うコの字形のプラン。アトリエ棟から住居棟が見えないように中庭を緑のレイヤーで柔らかく仕切っています。住居棟からは、緑越しにアトリエ棟の黒壁が見え隠れし、ほどよい距離感をつくっています。ここでは、少し多めに植物を入れました。近所の公園の緑と中庭の高木で景色をつなぎ、木立のなかに身を置いているような、そんな空間をつくりたかったからです。

ただし、芝生は日当たり・風通しを好む植物のため、なるべく建物の影や木陰にならないような場所に植えなければなりません。そのため、周りの樹木が鬱蒼とした状態にならないよう、枝葉のコントロールも大切です。

黒は、緑をよりビビッドに明るく映す効果がある。芝生のフラットな表情が、樹木の躍動感とコントラストをなし、ミニマルな建築の器と額縁によって美しく納められる

① ドウダンツツジ
② モミジ
③ ジューンベリー
④ アオダモ
⑤ ヤマボウシ
⑥ コナラ
⑦ コハウチワカエデ
⑧ マツラニッケイ
⑨ イヌビワ

House M（大阪）

設計：彦根建築設計事務所
施工：じょぶ
敷地面積：534.83㎡
建築面積：177.07㎡

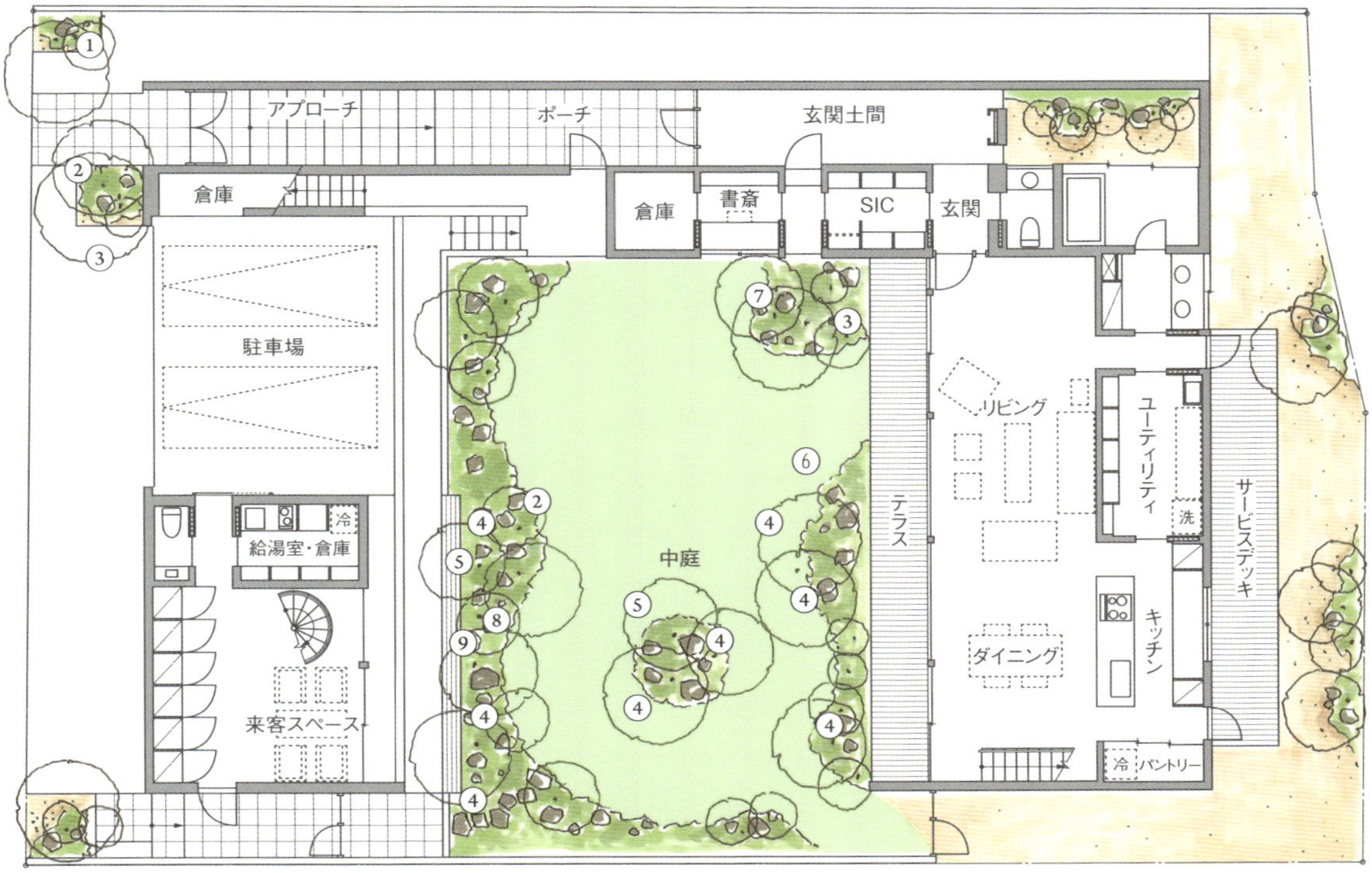

造園図 S=1:200

56.

窓の外に合わせてインテリアを選ぶ

House Mの造園の仕事を通して、とても感銘を受けたことがあります。それは建て主が、庭の景色を見て「室内にいても苔の上に座っている感覚になれるように」と、モスグリーンの張地のチェア（フィン・ユール）を選んでおられたことです。これまで庭と内部の一体感や連続性にはこだわってきましたが、インテリアと庭を関連づけてコーディネートするという発想には至りませんでした。私にとって、これはとても大きな発見でした。

アトリエ棟のそばには、自然石を組み上げて築山をつくっています。本来の地面は大なり小なり造形があるはずで、その柔らかいラインが心地よいのです。築山があると緑が斜めに上がっていき、室内から見えるグリーンの量が増えるため、気持ちよさが倍増します。

彦根さんは、この築山の擁壁の天端に板を張り、ベンチをつくっています。このベンチがあるのとないのでは、庭の印象はまったく変わるでしょう。上質な庭のしつらえです。まわりに高木が植わっているので、ベンチはちょうど木陰になり、植物を近くに感じながら過ごせる気持ちのよい場所となっています。

アトリエ棟の大きな窓のそばには、築山をつくり住居棟への視線を遮っている。窓の外のグリーンに合わせて選んだ椅子を見て感動した

57.

写真は竣工時だが、今では石と石の間から草が生えて、石が半分くらい隠れており、時間が経てば経つほど、味わいが増していくよう。この石積みを上がっていくとガレージ上を利用した芝庭に続く（写真は83ページに掲載）

小阪の家（大阪）

設計：田頭健司建築研究所
施工：アーキッシュギャラリー
敷地面積：346.74㎡
建築面積：254.48㎡

庭をアートのように仕立てる

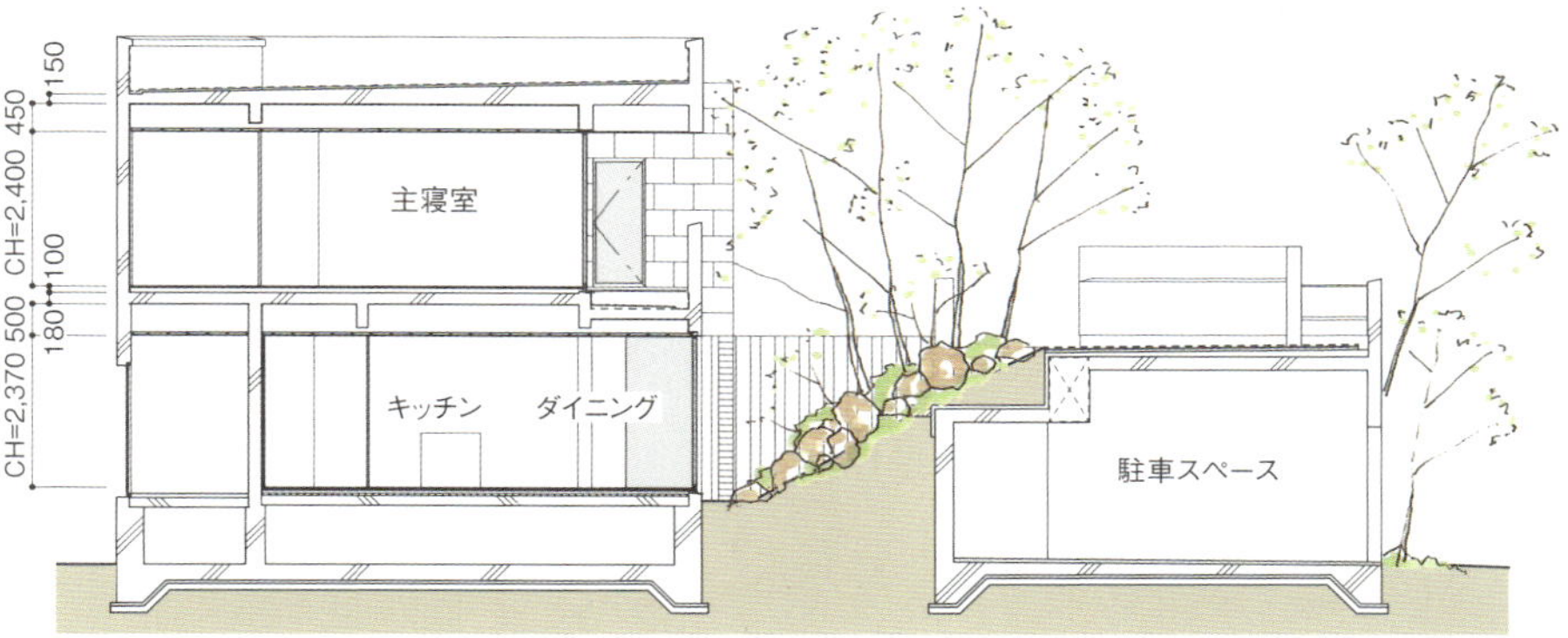

作庭するときに、室内からの見え方はとても重要です。窓を額縁に見立て、アートを見るように庭を眺める、そんなつくり方をすることもあります。

田頭健司さん設計のK邸では、「斜面を見せる庭」に挑戦しました。この家は駐車場3台分が必要と言われ、敷地に大きな庭をとる余裕がありませんでした。そこで田頭さんはビルトインガレージにして、その上に芝生を敷いて庭にするプランを考えました。庭へは斜面を石の階段であがっていき、その斜面にも造園して、ダイニングの窓から眺められるようにならないかというのです。正直驚きました。場所によっては45度近くの傾斜になるので、土砂崩れしないだろうかと(笑)。そこで、大小の石を岩壁のように急勾配に組んでいき、土や草花と組み合わせながら立体的な壁面緑化のように表現しました。工事が始まって、次々運ばれてくる石を見て、最初は住まい手のKさんも不安がっていましたが、今ではとても気に入ってくれているそうです。

空間を白く、重心を低くすることでより静けさと緑・水の瑞々しさを際立たせている。開口高さは1450㎜で、立った時と座った時では見える景色が変わる

58.

美しいピクチュアウィンドウ

窓が美しいと庭が生きるものです。しかし、背景が雑多な状態ではせっかくの庭も台無しです。できれば、壁を立てて日本画のように緑を浮き立たせられると、美しい景色に仕上がります。また、壁を室内の壁の色とあわせ、内と外を連続させることで、室内にいても外にいるように植物を感じることができるでしょう。

写真は吉川弥志さん設計のカフェ・バー「和バル OKU」です。ここの庭は奥行2mほどしかなく、隣地には古い雑居ビルが建っていました。そこで吉川さんは、余計なものが見えないように、垂れ壁を設けて隠しました。窓を絞ることで、逆に奥行きを感じさせています。さらに背景には室内と同じ材料で仕上げた白い壁を立て、繊細な樹形を引き立てています。落葉した枝だけの姿も美しく、一年中眺められる庭となっています。

59.

景石について

石は作為的にならないよう、より自然に近づけるように配置します。私は日本庭園や枯山水の庭のように、石を立てて目立たせることはしません。なるべく平たい石で存在を強調せずに原風景に近づけます。まるで岩盤の割れ目から植物が生えているように、石を据えていきます。

石を据えると地面に安定感が増すように感じます。そして徐々に風化し、コケや草が付着すると、より庭に風合いが出てきます。石の下は、根が伸びやすいので植物との相性もよいのです。

また、石を主役にした現代版枯山水のような庭をつくることもあります。見立てというのが、枯山水の作法の中にあります。石庭は想像力を働かせる庭。「三井ガーデンホテル京都新町 別邸」は世界中からお客さんが集まってくる場所なので、五大陸をイメージしました。

上から見ると世界地図のようにみえるでしょう?

阿蘇産の大きな溶岩石の表面をスライスした景石。地面に巨石の残りの部分が深く埋まっているのではないかと思わせるダイナミックさが特徴。スライスすることで、見た目よりも重量を減らせるという利点もある

60.

植物を生ける美しい器

田頭健司さん設計の「真美ヶ丘の家」では、テーブル仕立ての植木鉢を2階テラスに持ち込み、木の下に潜り込んでお酒を飲めるスペースをつくった。鉢にはオリーブを植え、実をつまみながらランチやカクテルを楽しめる。木の周りに座れる植木鉢が、お花見のような団らんを演出しくれる

永山祐子さん設計の「春華堂五穀屋」（静岡県浜松市）の中庭では、五穀をイメージした植木鉢を提案した。永山さんならではのシャープなステンレスの帯が低く浮遊するデザインは、２次製品にはない緊張感がある

61.
砂利を川に見立てる

走り回るところには芝生を、そうでないところには川砂利を。どちらも私のつくる庭には大切な要素で、両者を使い分けています。舗装することもできますが、それはアプローチなど必要最低限のところだけにしています。

植栽帯は島、砂利敷きは川というふうに、砂利を水に見立てて使うことが多いです。そのときは必ずベースに使う砂利と植栽帯の際に、粒径の大きな砂利を混ぜて、本物の川辺のように抑揚のある表情をつくるようにします。

砂利は伝統的な日本庭園で使われるような那智黒石や白川砂利などはあまり使いません。私が使うのはさまざまな色が混ざり、自然な丸みのある川砂利、落ち葉が目立ちにくいというメリットもあります。この砂利をデッキ周りなどに敷いて、川床に見立てたりすることもよくやります。

「下田の家」の庭では、川床のように森の中の涼を感じ取れる植栽・デッキ・砂利の関係を意識して造園した

62.
五感に響く緑を添える

私は常に庭の緑を五感で楽しんでもらいたいと思っています。眺めて癒され、触って親しみ、季節の果実を味わう――。

それにさらさらと聞こえてくる葉擦れの音もまた、耳に心地よいものです。部屋の中でも、風の強さを音で感じられ、森の中にいるような感覚になります。特にソヨゴは、軽やかできれいな音がします。説明が難しいのですが、神社でサァーッと風が抜けると音と似ています。そもそもソヨゴという名が「風にそよぐ木」という意味で付けられたと言われているくらいですから。

また、ジンチョウゲやキンモクセイなど、香りのよいものは、風上に植えます。カツラの葉なども、新緑のような独特のいい香りが匂い立ちます。香りは記憶と結びついているので、大切にしたいですね。その家やその時間を思い起こさせる、心地よい香りを添えたいものです。

ベガハウスの「くるみの家」では、もその一つ。雨樋をつないで、雨水を溜めるシンプルな池をつくった。池と川を組み合わせたようなもので、室内にいるとチョロチョロと水が流れる音が聞こえてくる。

63. 水辺に癒される

水は使いようで、たとえば、来客のときにアプローチに打ち水をしておく。これは、打ち水されたところを歩いてもらい、少しでも涼んでもらうというおもてなしです。うなぎの寝床の京都の場合、庭や玄関前に打ち水をすると、室内に涼しい空気が引っ張られてきます。打ち水が風をつくり出すのです。

また、水辺があると、鳥が水浴びに来ますし、水の音は人を癒します。このほか、水は蒸散作用があるので、夏は涼しく感じられるでしょう。蒸散した水は空中湿度を高め、美しい紅葉を促してもくれます。

私は、よく手水鉢や石の水盤を庭に設えますが、このとき建物に寄せて置くと、ゆらゆらと動く水面が陽光を反射して室内に映し出され、思わず目を細めるような気持よさです。そのため、揺らぎの角度を計算しながら置くこともあります。また、池のような少し大きな水辺を望まれる場合は、せせらぎのように石や植物の間を抜ける水の流れをよく提案します。そのほうがメンテナンスも楽ですし、浄化槽などの重装備も必要ありません。自然に気化することを考えれば最小限の凹みとささやかな防水さえしておけば、水溜まりはつくれます。水辺に癒される日常を、いかがですか？

水面の光を室内に

ベガハウスの「荒田の家」では、石を池に見立てた水盤を提案。細いステンレスの筧（かけい）は、鉄作家に製作してもらったオリジナルのデザイン

64. フレッシュな酸素は緑から

日常生活のなかで自然や植物に触れる時間があると心身の癒しやリラックス効果が高まり、さまざまなメリットがあることが証明されています。たとえば、緑豊かな環境で暮らした女性は、そうでない女性と比べて死亡率が下がり、慢性疾患のリスクも低下するという調査結果が米国で発表されています。また、街中を歩いた場合と、緑の中を歩いた場合とでは、後者のほうが脳の疲労が減るということも科学的に証明されており、米国のハーバード大学では、学生が必ず緑のなかを通るようにつくられているのだとか。

緑が私たちに及ぼす力は、計り知れないものがあります。なんといっても、私たちが生きていくうえで必要なフレッシュな酸素は、緑から得ているのですから。

65.

夜も庭を楽しむための照明

ひのきのいえ（愛知）

設計：積水ハウス
アーキテクトデザイン室・加藤誠
施工：積水ハウス

上からのスポットライトで照らし、月明かりを表現。グランドカバーや川砂利も昼間とは違う表情を楽しめる

竹堤の家では、照明デザイナーの花井架津彦さんと話し合いながら、夜の庭を美しく見せる照明計画を検討した。スポットライトを軒先に取り付け、2階バルコニーと1階の庭をともに照らしている。隣地の竹林は、幹を見せるためにアッパーライトを設置。室内の照明を調光タイプにして、庭を眺めるときには明るさを落とす

竹堤の家（奈良）

設計：積水ハウス奈良支店
施工：積水ハウス
照明計画：大光電機TACT住宅チーム
花井架津彦

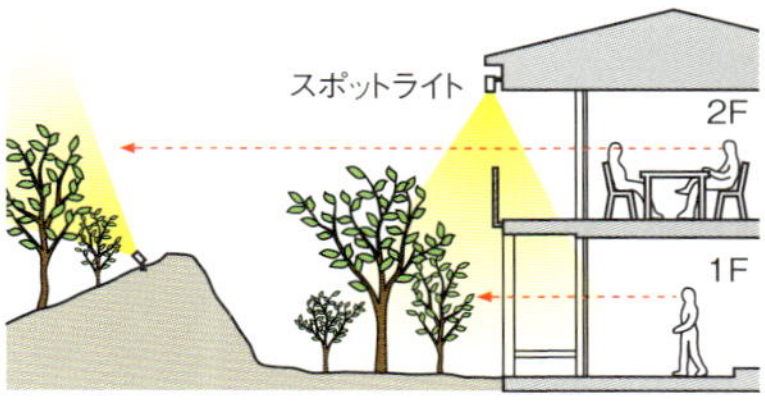

スポットライトの下端と、軒天井のラインを揃えることで室内から照明器具が見えずに、バルコニーと庭の両方を美しく照らすことができる

室内の照度を上げると、窓への映り込みが発生し、庭の景色が見えづらくなる。調光タイプであれば、必要に応じて照度を下げられるので便利

庭に照明を入れたのはいいけれど、ガラスの映り込みで夜の庭が室内からまったく見えない…そんな残念な例が少なくありません。庭を見せるための窓ガラスが鏡のようになってしまい、室内空間が映り込んでしまっているのです。これは室内外の照度の差によって起こり、外にもある程度の明るさがあれば、ガラスの映り込みは緩和できます。

最もよいのは、照明計画の時に、室内と外の明るさのバランスを調整しておくこと。室内に調光できる照明を使うとシーンに合わせて、明るさを調整できるので便利です。注意したいのは、ガラスに映りこまない位置に光源を設置すること。いくら明るさを調整しても、ガラスのペンダントのような全般拡散型の器具は、映り込みが顕著に表れます。

庭の照明に置き型のアッパーライトで、下から植物を照らしている家をよく見かけますが、自然の風景を再現した庭に下から煽るような光は不自然です。そこで私はスポットライトを高い位置に取り付けて、上から照らす地明かりを提案しています。理想は月明かり、中秋の名月のような光です。

また、夜にバーベキューをしたり、鍋を囲んだりする場合にも、上からの明かりは有効です。雰囲気づくりのために足元にランタンやキャンドルを置くのもよいですが、それでは肉の焼き具合が分からず、生のまま食べてしまうなんてことにもなりかねません。上からの明かりでないと、物の色は分からないのです。上からの明かりをとる場合、あらかじめ建物側に配線をしておかなければならないので、建築計画と同時に進めておくようにします。後からでは配線がむき出しになってしまい、見た目にもよくありません。庭に出て建物側を見た時に照明の眩しさが目に入らないような工夫も必要です。スポットライトは、角度や向きを調整し、樹木をしっかり照射できます。桜が咲いたり、紅葉が始まったり、その時々の盛りの植物に光を当てるのも庭の楽しみ方のひとつ。もしスポットライトが付けられない場合は、スタンド照明でもよいと思います。

もちろん置き型のアッパーライトが絶対にNGというわけではありません。写真の「竹堤の家」のように、竹林は下から照らしたほうが幹の美しさが際立ち雰囲気が出ます。また、葉裏がきれいなものなどを照らすときにもよいでしょう。このほか、階段やアプローチには足下を照らす置き型のほうが適しています。その場合は、できるだけ照明器具が目立たないようにします。

資料提供：大光電機

月明かりのような
柔らかい光を

三井ガーデンホテル
京都新町 別邸（京都）

運営：三井不動産ホテルマネジメント
構想：Architects Office（石川雅英）
設計：竹中工務店
施工：竹中工務店

大開口とせず、スチールのルーバーで開口を絞り、植物の足元を見せる演出も絶妙。ルーバー越しに木のシルエットが浮かび上がり、より空間に奥行をもたせている

上部に取り付けたスポットライトで、中庭を照らしている

「三井ガーデンホテル京都新町 別邸」では、ロビーに面する中庭に雑木の庭をつくりました。当初、背景の壁はコンクリート打ち放しにするという案もありましたが、樹木が映えるように白い壁を希望したところ、漆喰仕上げに変更してくれました。照明は上からスポットライトを当て、月明かりのような柔らかい光を中庭に落としています。

夜になると白い壁に繊細な樹形の影が写し出され、植物たちが昼間とは異なる色っぽい表情を見せてくれます。夜の庭を見に来るお客様もいるそうですよ。よろしければ、足を運んでみてください。

66.

室内でも森の中にいるように

前田圭介さん設計の「森のすみか」は、半地下に植えたヤマボウシが、建物を貫いて天井を突き抜けているという思い切ったプランの住まいです。外部と内部がつながっているので、蝶も鳥も入ってくるし、どこが、外か内か分からなくなってしまっています。仕切戸があるので、雨が降ったときなどは閉めることもできますが、ここまでやることを了承した住まい手がかっこいいですね。私が提案したのは、高木で天井を突き抜いてしまうこと。設計段階でも天井は開いていたけれど、そこに木を植えることでまるで木に合わせて設計したように見えるでしょう?

私の事務所も室内に植物を植えています。観葉植物を置くのであれば、あらかじめ植え込む場所をつくっておいて、外の景色が室内まで入り込んできているように仕上げています。

ここで、室内に植物を植えるときのポイントをいくつかあげておきます。

◎日照

室内では光のあるなしが植物の生育に大きくかかわってきます。一日数時間でも直射光の入る場所、もしくは、間接光でも平均照度が高い場所であれば、十分育つ植物があります。自然光の少ない場所で植える場合は、植物が生育できるレベルの照度を照明の光によって確保します。

◎通風・湿気対策

風の抜けない場所では湿気が溜まり、ダニやカビ、細菌による病気が発生しやすくなります。通風を確保するか、換気のしやすい環境を作ります。ただし、植物にとっては、適度な湿度も必要になってくるので、乾燥しすぎないよう注意が必要です。

◎土壌

虫がわきにくいように衛生的な人工土壌をよく使います。注意したいのは、排水をきちんと確保することです。植える場所を大きな鉢植えと考え、必ず外に水が抜けるようにします。地植えだけれど、観葉植物の扱いですね。

◎樹種

植物は部屋内で強いものを選んで植えます。葉が落ちるので掃除する必要はありますが、大量に植えなければさほど大変ではありません。「森のすみか」では、日陰を好むアオキを内外の両方に植えており、6年経った今も元気に生長しています。

◎メンテナンス

室内では雨水がかからないので、葉にほこりがたまりやすくなります。ほこりがたまると光合成が阻害されたり、病気の原因となったりします。水やりの際に葉に水をかけてあげるか、布切れなどで拭いてあげます。

荻野寿也景観設計新社屋(大阪)

設計：荻野寿也景観設計／荻野彰大
施工：ナカセ鉄工建設
敷地面積：1087.54㎡
建築面積：93.60㎡

私の事務所の中心にある階段室は、室内に植栽している。ドアをガラス張りにし、南側にトップライトを設けて自然光で育てる。トップライトは、開閉式にすることで、通風も確保。階段からは植物に手が届くため、身近で維持管理しやすい室内庭となっている

「森のすみか」は、半地下のアプローチを通って玄関まで至る。アプローチの途中では、室内を見上げることができ、写真のように仕切戸が開いていれば部屋とつながっているので会話もできる

森のすみか（広島）

設計：UID／前田圭介
施工：ホーム
敷地面積：362.00㎡
建築面積：89.25㎡

67.

庭を彩る花々

時折、目の覚めるようなビビッドな色の花を使うことがあります。坂本昭・設計工房CASA設計のごま料理専門店「世沙弥」では、通路のつき当たりにピンク色のヒラドツツジを入れました。また、前田圭介さん設計の「群峰の森」のアプローチでは、キリシマツツジを群生させています。

私はツツジをよく使います。樹形をコントロールしやすく、管理も容易です。ツツジは、あえて刈り込まずに自然樹形で使います。そうすると花数が増えすぎず、緑の葉の中にポッとビビッドな花が浮き上がって映えるのです。ほどよい花の量で気持ちよく感じさせる演出です。

ツツジのほかにも、シャクナゲやサザンカ、草本類ではスイセンやシュウメイギクといった和風のものから、アガパンサスやヘメロカリスといった洋風のものまで入れ込んでいきます。季節になると色とりどりの花が咲き誇る姿は、眺めているだけで心が晴れて元気になります。

群峰の森（大阪）

設計：UID／前田圭介
施工：まこと建設
敷地面積：2107.88㎡
建築面積：611.51㎡

◎植物の色を重ねる

前田圭介さん設計の「CASAⅡ 音色」は、赤・黄・青・紫などカラフルな壁の層の中に、緑（植栽）の層がサンドイッチされている、楽しい住宅です。日本の王朝時代の色彩にヒントを得たとされるこの壁の色に合わせて、外周の植栽には色とどりの花を取り入れました。春になると壁が花の色に一斉に染まるように見えるのも、面白い現象です。家具や内装も色彩豊かで、遊び心を感じさせます。植栽と色彩の共演はこれまでにない華やかさを生活にもたらしてくれるでしょう。

中庭には、限られた日照でも育てら

CASA II 音色（奈良）

設計：UID／前田圭介
施工：創建
敷地面積：353.33㎡
建築面積：168.72㎡

重層する壁に対して、高さの異なる樹木を植えることで、柔らかな動きをプラスした

セントーレア
ゼラニウム
イチハツ
ブラキカム
カンザキアヤメ

エキナセア
エロディアム

ヒンデス
ヒメリュウキンカ
ツワブキ
アフリカンデージー

南側外観。道路面との高低差は1mあり、既存の石壇を残して建てられた

れるクロキ、マツラニッケイ、コバンモチなどを入れるとともに、ささやかな水の流れをつくっています（114ページ掲載）。華やかな色彩の中心に、光が差し込む神聖な森の一部が残っているような演出をしました。また、この住宅は、すべての層（部屋）を縫うように植物の緑がつながっていて、それが暮らしに安らぎと潤いを与えているのも、緑使いの上手な前田さんにしかできない設計だと思います。

アプローチも最後まで玄関ドアを見せずに視線の先に緑を見せる巧な設計。外構も小口を見せない緑の切り方で、目に入ってくる土の面積を増やしている

二世帯が暮らす住まいは、大きなひとつの空間を10枚の壁によって9つの領域をつくり、さらに中庭によって親世帯と子世帯のゾーン分けがなされている。それぞれ間合いが異なる壁面には色が施され、空間に変化を与えるだけでなく、そこに陽射しや植物や水面の光などが重なることで、季節・時間によっても異なる「彩」を日常生活に与えている

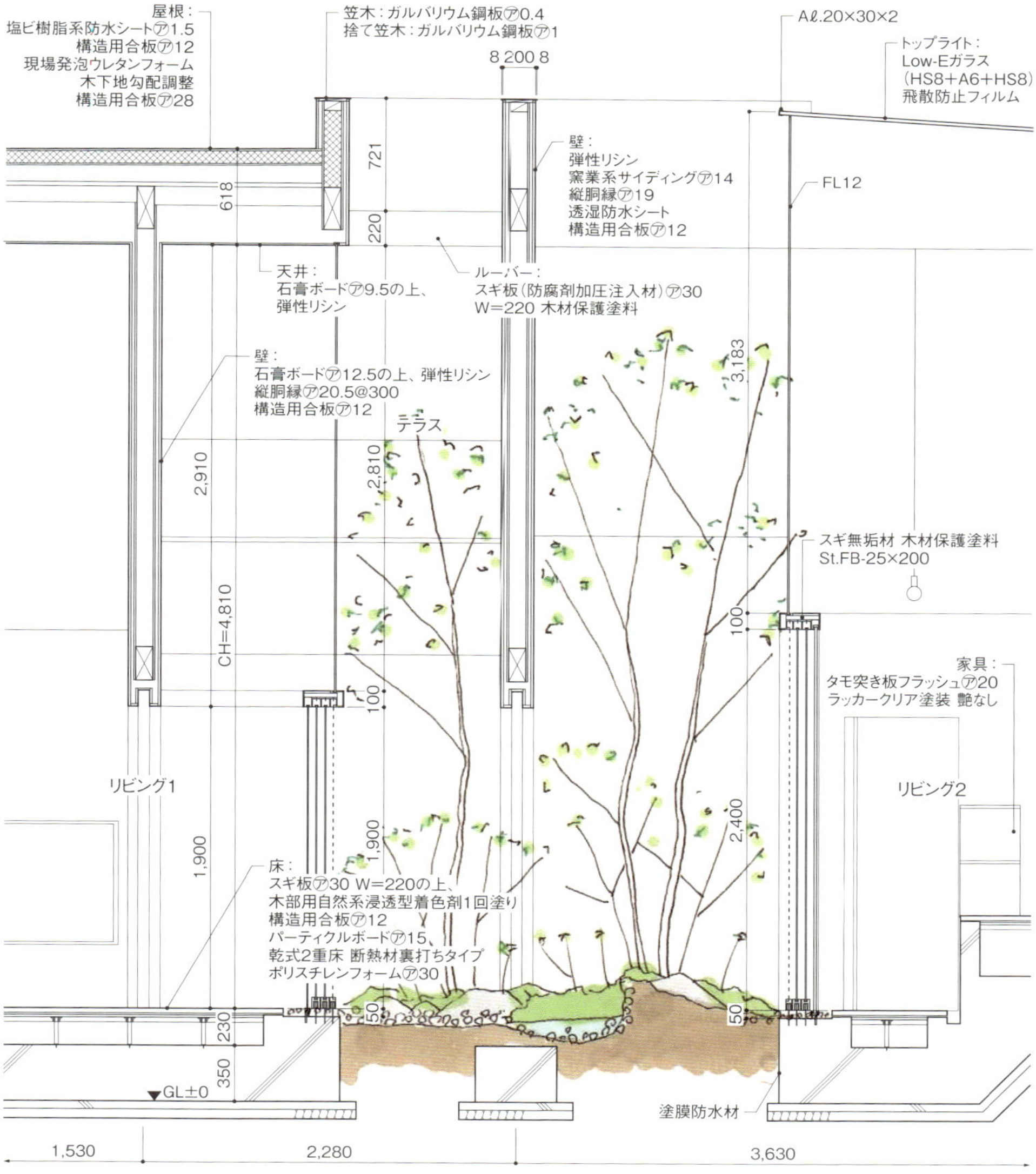

中庭断面詳細図 S=1:50

 図面提供：UID

家と庭と暮らしが共鳴し、
豊かな時間を奏でる

68-85

RECIPES

OF

TOSHIYA OGINO

5

庭づくりとお手入れ・メンテナンス

子育てや生物を飼うのと同じように、庭を手入れしないで維持することはできません。花木に水をやらなければならないし、雑草が生えれば抜かなければいけない…、それが植物とのコミュニケーションの始まり。実際に手を入れ、触れ合いながら成長を眺めていると、植物の個性や調子が分かるようになります。そして気づけば、楽しいと思うようになるはずです。

68. 雑木の庭と樹木の選び方

私が提案するのは、日本の植生・気候に合っていて、管理も比較的楽な雑木の庭。それが町に自然を取り戻し、家を一層魅力的にしてくれるはずです。雑木の庭をつくるためには、1・2章で述べたように、建築とのバランスを大事にしながら、どのような樹形の木を入れるかを考えます。私の造園は、材料が命です。樹形の美しさには細心の注意を払っています。樹木を選ぶときのポイントをあげてみましょう。

① 樹形の良いもの
② 枝先が柔らかいもの
③ 幹肌
④ 木の高さや葉張りなどのスケール感
⑤ 根鉢の大きさ
⑥ 花の色・花期
⑦ 現場環境に合った樹種
⑧ 木の健康状態

⑨ 生産地・育った環境
⑩ 生長の仕方、手入れ・メンテナンス方法

なかでも⑨の樹木がどんな環境で育ったかというのはとても大切です。日照に弱いとされる樹種でも、西日に当たって育っていればある程度慣れてくれます。私も生産農家に日照に強いモミジを依頼することもあります。反対に日陰で育っている木を、いきなり日に晒してしまうと枯れてしまうこともあるのです。

木と木は、近づけて植えても平気ですが、相性があります。木の相性は、水や肥料っけのほしがるものと、ほしがらないものを分けて考えるとよいでしょう。たとえば、アカマツとソヨゴは一緒に生えているのをよく見かけます。どちらも痩せた土地でも育ち、乾燥気味の土地を好むので相性が良いです。逆に、コナラやサクラといった昔から人里近くで多く見られた木は、肥沃で湿潤な土地を好むので、一緒に植えても大丈夫です。ほしがる、ほしがらないもの同士を近づけて植えるのはなるべく避けるようにしましょう。

冬に雪が積もって枝が折れても、それが自然の姿。雪吊を無理にしなくてもよいと考えている。写真は、右からヤマボウシ、ゴモジュ、アオダモ

① コハウチワカエデ（栃木県）
② アズキナシ（青森県）
③ ドウタンツツジ（大阪府）
④ マツニラニッケイ（鹿児島県）
⑤ アオダモ（群馬県）
⑥ ヤマツツジ（兵庫県）
⑦ ハイノキ（鹿児島県）
⑧ ヤマボウシ（栃木県）
⑨ ヤマモミジ（秋田県）

三井ガーデンホテル新町 別邸の中庭。日本の原風景を再現。東北から九州までのさまざまな地域の樹木を用いて、自然の姿のまま植栽している。夜景シーンは106ページに掲載

69. 生産農家と材料探し

私は、全国各地の生産農家さんの畑まで足を運び、樹木を探します。生産農家さんには、こんなものが良いのかと言われるような、畑の端っこにある残りものを発見したときには、宝物を見つけた気持ちになりますね。生産農家さんたちは、私たち造園家がほしいと思うものを見逃していることも少なくありません。見つけた材料はその場で買うこともできますが、地場の産業を廃れさせないためにも、必ず仲介業者の方に介入してもらい、そこから購入することにしています。

また、大阪には全国でも有数の生産農家や庭木販売業者さんが数多くあります。私の造園はそういった方々に支えられているといっても過言ではないでしょう。ときには、樹木の生産農家さんに限らず、草花やおもしろい植物を求めて、その地域で材料を探しにいきます。最近は道の駅で掘り出し物が見つかる時がありますよ（笑）。

できるだけ実際に植える環境（光・土・風・水・気候）に近い状態の山や畑で育った樹木を選ぶようにしている。
沖縄県の伊礼智さん設計の「結いの家」では、現地の生産農家を回り沖縄の植物を探した。美しい姿のアレカヤシを主木に、台風に耐えうるモンパノキや花の芳香がよいプルメリアをアプローチに、エキゾチックな雰囲気で幹の柄も特徴的なヒカゲヘゴは中庭に植えている

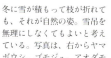

70.

グランドカバーで熟成感を出す

より自然の姿を再現するために、木はそれなりの高さのあるものを選ぶようにしていることはすでにふれましたが、これに加えて私が大事にしているのは、足元のグランドカバーです。グランドカバーをつくり込むことで庭に「熟成感」をもたせるようにしています。

苔が生した自然の姿になるまで何十年と待っていられませんし、はじめから完成された庭にすることで披露したときに、皆が「わぁ、すごい」と驚き、喜んでくれます。その姿を見るのが好きなんです（笑）。

① クリーピングタイム
② スナゴケ
③ ビデンス・ゴールドダスト
④ ブラキカム・ブラスコバイオレット

① コグマザサ
② スナゴケ

グランドカバーは種類が豊富。様式にとらわれず、好きなものをどんどん植えてよいと思います。ただし、木と同じように草花にも、日照を好む・好まない、成長が早い・遅いなどの違いがあるので、植生を調べて、成長の速さによって近づけたり離したり、植える間隔を調整していきます。

1：グランドラインは、フラットに造成せず、柔らかな高低のある築山をつくることでより自然の姿に近づく。景石を埋め込むことで土留めになり、排水性も良くなる

2：低木は、中高木の幹のラインに沿うように、葉の表面が前を向くように植える。よく使うのは、マルバシャリンバイ。ほどよいサイズの自然樹形を保つ常緑樹で、足元に安定した緑をつくることができる

3：築山の高いところにはクリスマスローズなどボリュームのある花をアクセントとして植えたり、ヤブランやシダなど立性（たちせい）の草を植える。低いところにはフッキソウやヤブコウジ、クリーピングタイムなどベースの緑となるポット類の下草を植える

4：下草や景石の周りにコケを植える。日向に強いスナゴケ、日陰に強いハイゴケなどがあるが、半日陰の中庭などでは両方をミックスさせたものを使うことで、その環境に合ったどちらかが生存・繁殖するというような植え方もある

5：最後に残った地表部分をマルチングバークもしくは腐葉土で覆うと、植栽帯の完成。山の中の落葉が積もった表情になる。これらの地表保護材は保温・保湿・雑草予防・霜・雨による土の流出防止など、数多くの効果がある

① ヘメロカリス
② アジュガ
③ シラン
④ ユキノシタ
⑤ ビバーナム ダビディ・ティスヌ
⑥ ムシカリ
⑦ ヤブコウジ
⑧ ヒラドツツジ

71.

根鉢の大きさには気をつけて

根鉢（木を掘りあげた際の、根を含んだ土のまとまり）は、想像以上に大きくて深さもあります。このことを知らない設計者の方から、狭い範囲での植栽を無理にお願いされることがあります。たとえば、L型やT型の擁壁の折り方によって根鉢が入らなかったり、基礎の底盤があって窓のそばに木を植えられなかったりすることも少なくありません。私はできるだけ現場に行く前に、事務所の敷地で原寸大の庭の図面を引いて、実際に根鉢を置いてみるようにしています。

根鉢の大きさは、想像している以上に大きいので、植えたい樹木がある場合には調べておくようにする

根鉢は、樹種や幹の太さによっても違いますが、大体の目安はあります。たとえば5m高の一本立ちの木であれば深さ60cm×幅70cm程度です。同じ高さでも、幹の太さに比例して、根鉢は大きくなりますし、株立ち（根元から複数の幹が上がっている状態）の本数に比例しても大きくなります。1m程度の低木の場合は深さ20cm×幅20cm程度の大きさです。これプラス根の成長していく余白があれば、植物は植えられます。スペースが小さいというだけで植栽をあきらめてほしくないですね。

根鉢の大きさをイメージできると、樹木を植えたいポイントにどのくらいのスペースを用意しておけばよいのかが、分かるようになります。

根鉢の大きさは掘る時期や樹種を工夫すれば、少し小さめに作ることも可能になります。そこは、現場に応じて造園屋さんに相談してください。

その土地の状態を見て、パーライトやネニサンソ、炭などの土壌改良剤を入れて、植物が育ちやすい環境を整える

72.

土壌改良で木を健康に育てる

庭は排水が大事です。庭づくりで何よりもまず優先すべきことかもしれません。排水が悪く土壌に水が滞ってしまうと、根に悪さをする微生物が増えてしまいます。そうすると、木を健康に育てるのは難しいのです。

また、関西のマサ土は改良材を入れなければパンパンに固まってしまいます。土が固まってしまうと、根に酸素が行きづらくなり、成長しにくい。だから土壌改良は必ずしています。いきなり違う土地や環境に植物を持っていくわけですから、せめて土壌は整えておいてあげたいですよね。

使うのは、パーライトやネニサンソ、炭、バーク、ピートモスなど。その土の状態を見て入れています。基本はそ

73. 景観を壊さないための地下支柱

高木は根付くまで倒れる危険性があるので、支柱を添える必要があります。一般的には地上で鳥居型の支柱を取り付けます。公園や公共施設などの植栽には必ず付いています。

しかし、このような工作物が残ってしまうと、自然の姿ではなくなるため、私は支柱杭を地下に埋める方法を採用しています。木の根鉢の外周に木杭を数本打ち込んで、お互いをロープで結び、根鉢を固定します。高木や根鉢の小さい木には、この地下支柱を施します。

地下支柱には、スチール製もありますが、これは時に樹木以上に高価になります。そういった費用はできるだけ抑えたいので、自分たちで考えました。

中庭であれば風がダイレクトに当たることもなく、倒れる心配が少ないので、地下支柱をしないこともあります。木は揺れると自身を支えるために根を出していきます。だから、少し揺れているくらいのほうが本来はいいのです。

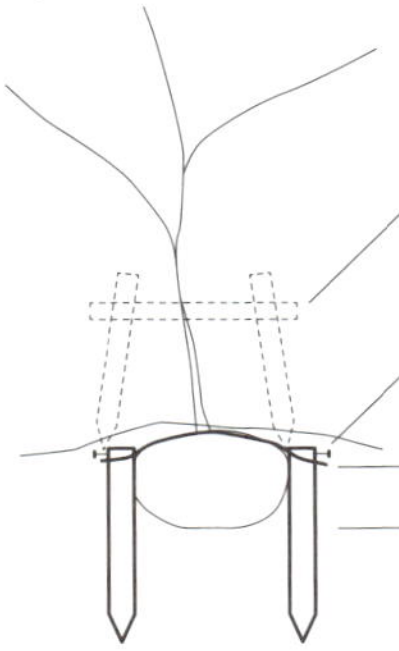

地下支柱の打設時に地中の配管を傷つけないように注意する

の土地の土を使います。

最近は、建築工事の際、再生砕石で土を埋め戻してしまっていることがよくあります。これはコンクリートを打つことを想定しており、庭をつくることを前提にしていないようです。再生砕石はアルカリ性が強く、根の成長が阻害されますので、その場合は土をごっそり入れ替えます。土地を見れば分かるので、事前に入れ替えておいてほしいと頼むようにしています。

74.

庭づくりの費用

建物をつくり、余った費用で作ろうと思ったら、庭にかけるお金はほとんど残っていない、そんな場合がほとんどです。そうではなく、はじめから庭や外構の費用も考えておいてほしいのです。庭や外構は建物と同じように住宅にとって重要な要素です。そのつくり方によって住まい方、暮らし方も格段に変わると言ってもいいと思います。たとえば、カーポートに使う予算を緑に回してもらう。場所が狭くても、駐車場と建物の間に植物が入ります。それだけで、建物の印象はガラッとかわります。緑の効果はそれほどにも大きいのです。

少し建物を小さくして、場所も費用も庭のために残しておく。そんな風に家づくりをしてくれる方が増えてほしい、と私は願っています。

75.

住む人・ご近所・設計者
工務店が参加する庭づくり

希望があれば、ご家族や設計者、工務店などみんなが参加する庭づくりのワークショップをやっています。自分でポット苗も植えたことがない人って多いですよね。半日、一日をともにしながら、植物の植え方、水やりの仕方をお教えして、ある程度の庭の世話は、ご自身でしてもらうようにお願いすることが多いです。

そのとき、小さいお子さんにも極力

建て主さんと工務店の皆さんと一緒に造園工事。お昼は、最高に美味しい外飯！

参加してもらいます。最近はわりと汚れることを親御さんが嫌がると思うのですが、小さい子供は土をいじるのが好きです。土に触ること、植物を植えるということはすごく感性を豊かにします。小学生のとき、学校で一人ひとり自分の朝顔を育てませんでしたか。あれは、世話をしたいという本能を呼び覚ます情操教育だと思います。それをずっと自分の家で続けられるというわけです。

　庭が完成すると、植えた樹木のリストとワークショップの写真を、アルバムのような一冊のファイルにしてお渡ししています。お子さんが植えている様子も入っていますから、いい思い出になると言われます。10年後、20年後に、「ああ、自分はこんなに小さかったんだ」「木もこんなに細かったんだね」と見返す。子供の成長とともに、樹木も成長していくというのはとてもいいことだと思います。

　家づくりに関わった人みんなで造園して、一つの家が完成する。最後に万歳三唱なんかもしてね。こうすると、その後のコミュニケーションもとても気持ちよくいくのですよ。

庭づくりには、子ども達にも参加してもらう。これから一緒に育つ家族とともに花を植えることで、新しい家族の一員として庭を迎えることができる。設計者や工務店の皆さんも、庭づくりに参加することで、植物がぐっと身近になり、終わることには皆、庭づくりをもっとやりたいと思うようになっているそう

76.

お手入れとは、育てるということ

庭が出世の証だった時代は、松などを仕立てた日本庭園が主流だったため、専属の庭師に定期的に剪定してもらわなければならず膨大な維持費がかかりました。そのため、いつしか「庭は管理が大変」といわれるようになってしまいましたが、この本で紹介している雑木の庭は人工的な形に仕立てることがないので、膨大な費用をかけなくても維持できますし、自分でやれることも多く、草花の間引きや花がら摘み、樹木の簡単な剪定などを、庭の楽しみの一つにしてもらえたら嬉しいです。

日常のお手入れとは別に、造園屋さんが行うメンテナンスもあります。私の場合は、シーズンごとに年1～4回訪問しています。春は病害虫予防、夏前は下草整備と一部剪定、病害虫駆除、秋は剪定をメインに行います。剪定は一度にまとめるのではなく、数回に分けて、必要な樹種に行うほうがよいでしょう。

日常のお手入れも 庭の楽しみの一つ

1・2：自宅の新築時は、あるガーデンデザイナーに依頼し、洋風スタイルでまとめた。6年後、コニファーの一種のレイランディが7mまで育ち、手入れが大変ということを実感する。また、常緑樹のカシが育つにつれ、日陰が増えて芝生が育たないことも分かった
3~5：多様な花が咲く華やかな庭だったが、芝生の縁石や階段をより自然の姿に近づけるため、築15年目に庭をリフォーム
6：現在、庭にはさまざまな植物が植わっており、育ち方や管理の仕方などを観察する、いわば実験場となっている

【剪定】
1年目：植栽工事時にすでに剪定していることと、移植直後は成長が遅いため剪定はほとんど必要ない。目立って成長の早いものだけを行う。
2～5年目：一度にたくさんの枝を剪定すると樹形が乱れるため2回～3回にわけ、適切な時期に剪定する。枝葉は間引きし成長をコントロールし日照・風通しを良くして植物を健康に保つ。
5年目以降：5年目前後から植物が土地になじみ成長力がついてくる場合が多い。一度にたくさんの枝を剪定すると樹形が乱れるため2~3回にわけ、適切な時期に剪定する。時には大きい枝や株ごと間引く剪定が必要。

【下草整備】
1年目：目立って成長が早いものの剪定、花がら、枯葉取りなどを行う。
2年目以降：枯葉を除去し、見た目にも美しく保つ。広がりすぎたり、増えすぎたりした下草は間引きや株分けを行い、蒸れて病気にならないようにする。

【施肥】
1年目：植栽工事時に土壌改良を施していれば必要ない。
2年目以降：主に冬季から春季に植物の生長にあわせて与える。冬季は油かすなど緩効性肥料を与える。根が動き出す春季は液体肥料を与える。

【薬剤散布】
殺虫剤・殺菌剤・無農薬液を状況に応じて散布する。

◎1年目の年間スケジュール

お手入れ内容	1月	2月	3月	4月	5月	6月	7月	8月	9月	10月	11月	12月	合計回数
剪定										━	━	━	1/年
下草整備							━	━	━	━	━	━	2/年
施肥													/年
薬剤散布					━	━	━	━	━	━			2~3/年

◎2～10年目の年間スケジュール

お手入れ内容	1月	2月	3月	4月	5月	6月	7月	8月	9月	10月	11月	12月	合計回数
剪定				━	━	━	━	━	━	━	━	━	3/年
下草整備				━	━	━	━	━	━	━	━	━	3/年
施肥	━	━	━	━	━								1~2/年
薬剤散布					━	━	━	━	━	━			2~3/年

また、雑木の庭も15年、20年経つと落ち着き、熟成感が極まるときを迎えますが、一方で樹木の入れ替えや下草の整備などリフォームを考える時期でもあります。気軽に造園屋さんに相談してみてください。

77.

水やりのコツ

日常的なお手入れには、水やりがあります。水やりは子育てと似ています。厳しすぎても、甘やかし過ぎてもいけません。多少放っておいて、乾いてきた時にたっぷり与える方が強く育ちます。植物それぞれの性質と、季節による乾燥具合に合わせて、水やりすることが重要です。

◎樹木は植え付け後が大事

植え付け後1年間、特に翌年の夏まではしっかりと水やりを行ってください。夏は朝・夕の涼しい時間帯に、冬は日中の暖かい時間帯にやります。

移植直後は、横に根が張っておらず、広い範囲で水を吸収することができないので、根元付近に根の下まで水が入っていくイメージで水をやります。少ない量を少しずつよりも、間隔をあけて一度にたっぷりやるのが水やりのコツです。少ない量だと、土の中深くに水が届かないため、根が地表近くに集まり、乾燥に弱くなります。また、常に水が滞る状態では、土壌中の悪い菌が増殖して、根腐れの原因になってしまいます。

根元以外に、葉に水をかけてあげると植物は喜びます。葉からも水分を吸収しますし、蒸散防止効果があります。特に軒下や室内の植物には定期的に行ってあげるとよいでしょう。

新芽が展開する春先に植物は水を欲しがります。3〜4月はしっかりと水やりをしてあげてください。夏場はホースの水の温度に注意が必要です。熱くなった水をかけると弱ってしまいます。夏を乗り越えられれば、成長が安定し、雨水である程度まかなえるようになります。

◎下草は土壌を見ながら

基本的には表面の土壌が乾燥してきたら水をやります。樹木よりは頻度は多くなりますが、少し乾燥ぎみにするほうが植物は強く育ちます。水のやりすぎは樹木同様、根腐れで枯れる場合があるので注意してください。植物は種類によって乾燥を好むものと、湿潤を好むものがありますので、生態に合わせて、水やりをします。

◎自動散水を利用する

庭が広かったり、外出が多く水やりが定期的にできない人には、自動散水装置をおすすめしています。一般的に地表面を這わすタイプと地面の下に埋設するタイプがありますが、美観にも耐久性にも埋設型がよいと思います。埋設型は、造園工事と同時に行います。庭ができあがってからでは、地面を掘り返すことになるので大変です。

操作はコントローラーで行います。コントローラーは30cmくらいの箱型のもので、外壁付で設置することが多いです。季節ごとに散水量の設定をしておけば、自動的に水やりをしてくれます。均一に水やりができるので、特に芝庭にはおすすめです。軒下や屋内など、散水ホースの行き届きにくい場所にも適しています。何より忙しい人にとっては、忘れずに水やりができるので便利でしょう。とはいえ、自分で水やりするほうが、庭の表情を観察できるので、よいことも多いのです。

スプリンクラーによる自動散水の様子。ゴルフコースのメンテナンスにヒントを得て造園に取り入れた。常時は地中に格納されており、散水時は水圧でポンプアップして散水される

【自動散水配管状況】

給水管本管に止水バルブを経てHI-VP管を接続する。その後ファニーパイプという可とう性のあるチューブによって分岐し、先端にスプリンクラーを接続する

【コントローラーの設置】

室外機などとともになるべく目立たない位置に設置する。また、庭に目が行き届きやすい位置とすることで操作と散水状況が把握しやすくなる

【レインセンサー】

雨天時の散水自動停止を促すセンサー。雨が当たる位置に設ける必要がある（軒下などは不可）

【フリーズセンサー】

給水管が凍結の恐れがある時（約3℃以下）に散水自動停止を促すセンサー

【電磁弁・電磁弁ボックス】

コントローラーからの信号を受けて開栓・閉栓を行う電磁弁。止水バルブに近い位置に設置することでメンテナンスしやすくなる

【止水弁】

自動散水の元バルブ。電磁弁にトラブルが起きた時にこの栓を閉めれば水が止まる

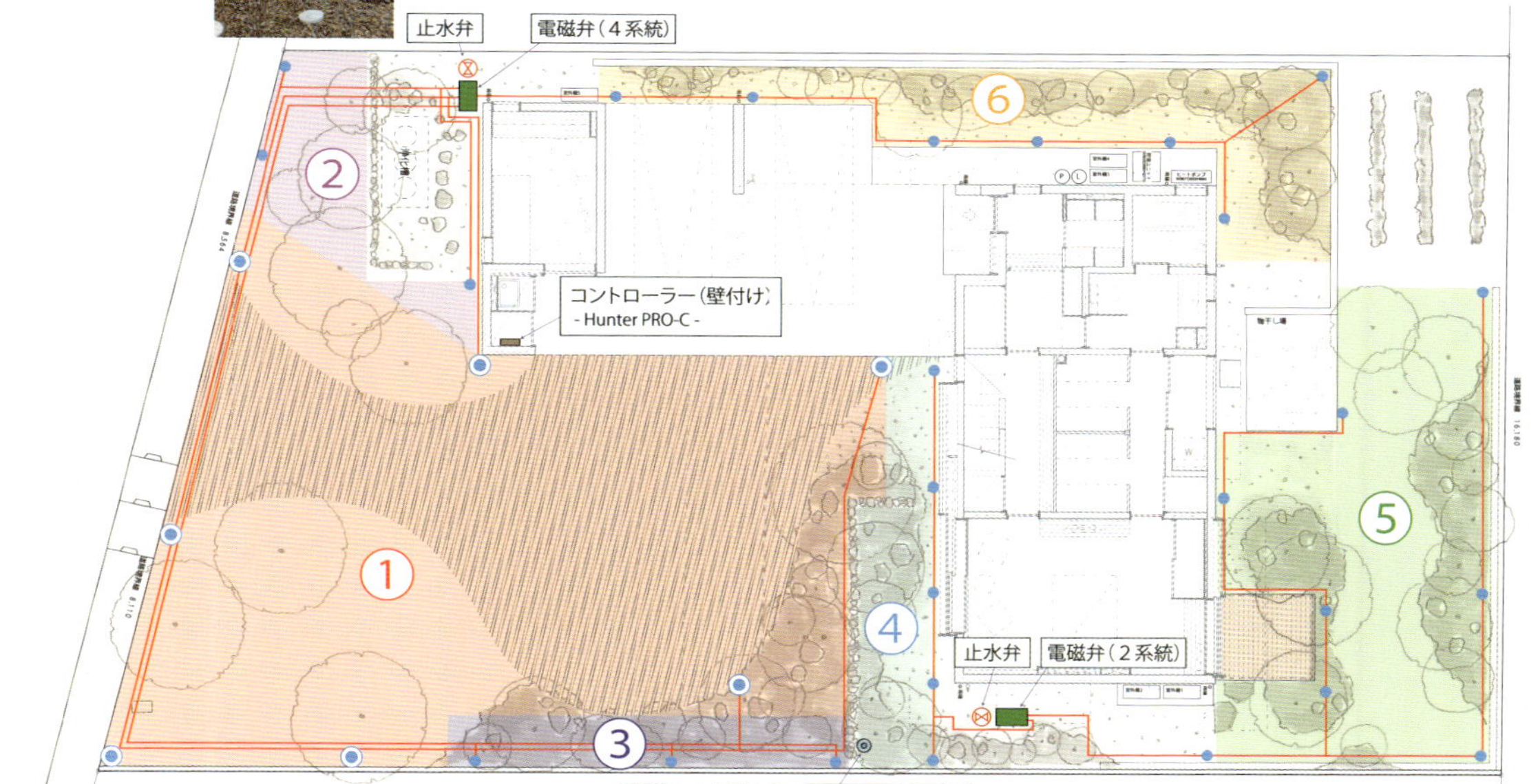

琵琶湖湖畔の家の自動散水図。100坪もの広さになると自動散水は必須。特に芝庭は自動散水なら満遍なく水が行き渡るのでおすすめ。水やりのタイミングや長さを設定でき、雨が降ってもレインセンサーが反応するので、水をやりすぎることもない

①～⑥　自動散水の系統番号。番号順に水が流れ、エリアごとに散水が進む

78.

下草のお手入れ

下草は基本的に樹木より成長が早いので、こまめなメンテナンスが必要です。一度にたくさんする必要はありませんが、日々行うと美しい状態を保てます。

花草は成長すると混み合ってきます。多くなってきたもの、伸びすぎたものを間引きしていきます。間引いて透かしていくものと、刈りこんでいくものがあります。立ち上がるタイプ（多くはこのタイプですが）は間引いて透かします。タイムなどマット状に横に広がっていくタイプは刈り込んでいくことが多いです。

タイム（上）とディゴンドラ（下）を剪定

混み合って風が通りにくくなってくると、病気が発生しやすくなります。特に梅雨時期は病気になりやすいので、梅雨前に下草の整理は行うとよいでしょう。また、草花には1年草と宿根草があります。一年草は種のみで増えていくので、植えたものはその年で枯れてなくなってしまいます。宿根草は地上部が冬枯れしても、根が残っていればまた春に芽吹いてきます。越冬しないタイプの宿根草と一年草は、秋には地上部が枯れていくので、それらを取り除いていきます。

花が終わったものは、花ガラを取り除き切り戻します。種類にもよりますが、花の後にちゃんときり戻してあげると、翌年の花付が良くなります。余裕があれば、季節ごとの花の入れ替えを自分でやると楽しみが広がります。一年草を中心に選んで、枯れてしまったら植え替えるようにすると、大きな失敗もなく花のある庭にできます。

・BEFORE・

・AFTER・

広がったタイム（マット状下草）を剪定

・BEFORE・

・AFTER・

増えすぎたシダやトキワナルコユリを間引き

コケのお手入れ

79.

　コケは落ち葉が堆積すると、日が当たらなくなり枯れてしまいます。手箒などやわらかいほうきで掃き取りましょう。春先に、鳥が巣の材料として持ち帰るためについばみ、ひっくり返されていることがよくあります。コケは体全体で水分を吸収するので根はなく、仮根と呼ばれるものを出して地表にくっついているだけなので、もし剥がれてしまったら、また貼りなおせば問題ありません。その際、水打ちした後、しっかり地面に押し付けると活着がよくなります。活着するまでは、時折、たたいてなじませるとよいでしょう。足で軽く踏むだけでも十分です。スギゴケなど背の高くなるものは、刈り込む管理の方法もあります。

落葉の下は日が当たらないので枯れてしまうため、こまめに取り除く

落葉の掃除

80.

　道端で落葉を掃いている人を見ると、すがすがしい風景だなと思います。掃除は大変ですが、その凛とした姿と生活習慣は大切にしたいものです。落ち葉の清掃は、芝生の上、コケの上、砂利部分を中心に行います。芝とコケは落ち葉が堆積すると、日が当たらなくなり枯れてしまうからです。

　下草が生えている部分には溜めていってもかまいません。自然な山林の環境では、ミミズのような土壌生物や土壌微生物が落ち葉を分解し、土壌が豊かになっていくからです。ただし、マツ類は貧栄養状態の土壌を好むため、マツの足元には溜めないようにします。

　落ち葉はコンポストに集めて、腐葉土として再利用してもよいでしょう。特にコナラなど落葉広葉樹の葉は、腐葉土に適しています。月に一回程度かき混ぜてあげると、均等に発酵が進みます。水分が多すぎると、腐敗してしまうので雨除けにシートやふたができるところにおいて置くのがいいですね。

　落葉樹は落ち葉掃除が大変なので、常緑樹にしてほしいという話をたまに聞きます。ですが、常緑樹も葉を落とさないわけではなく、落葉します。量も落葉樹と変わりありません。落ちる時期はそれぞれ異なり、たとえば、ツバキなど多くの常緑広葉樹の葉は、4月から6月にかけて新葉が出始めると、それと交代に古い葉が落ちます。ユズリハなどは、新葉が展開したあと初夏のころ一斉に落葉します。針葉樹の落葉は10月から12月にかけて、葉の古いものから順次落ちていきます。掃除の面で言えば、同じ時期に落ちる落葉樹のほうが楽かもしれません。

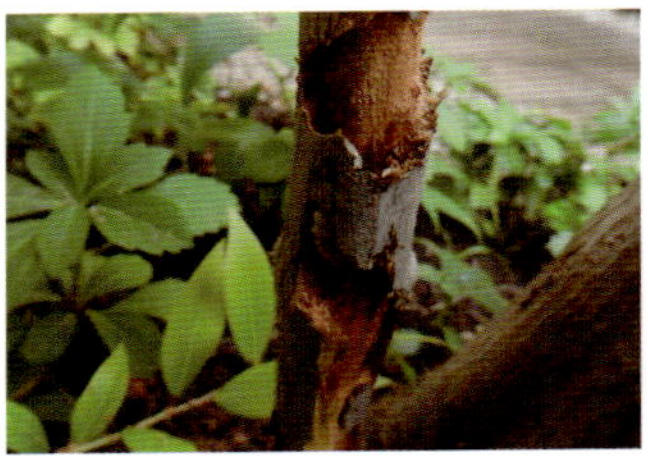

カミキリムシの被害

カイガラムシの被害

81.

虫や病気との付き合い方

植物と切っても切り離せないのが虫と病気です。イラガやチャドクガの幼虫は、触れることで痛みやかゆみなど人体に害が出るものもいます。そういったものは、早期に駆除すべきですが、虫も害虫ばかりではありません。見た目に美しい蝶や鈴虫の声は風情を感じさせてくれます。ミツバチは花粉を媒介することで、植物の受粉を手伝い、生態系を支えています。ですから、虫や病気が発生しても過敏な対応は禁物です。植物にも抵抗力がありますので、これらで弱ることはあっても、枯れることは稀です。人体に害がないものであれば、冷静に見守るのも手段の一つ。虫や病気への一番の対応策は知ることだと思います。ここでは、害虫防除の方法について紹介しましょう。

◎自分で対応する

早い段階に発見されたものは、自分で対応できる場合もあります。虫は手で取り除くのが手早く、効果的です。アブラムシなどはシャワーホースで洗い流します。葉に水をかけるだけで防げるものも多くあるのです。

◎薬剤を使う

薬剤を使う場合は、園芸用品店やホームセンターなどで購入できますが、大量発生してしまった害虫や病気の場合、どういった薬剤を使えばいいのかよくわからない場合、庭園の管理にあまり時間が取れない場合はプロに相談するのがよいでしょう。

薬剤には多くの種類がありますが、基本的には殺虫剤、殺菌剤、殺ダニ剤の3種類です。その中でも、予防剤と治癒剤に分かれます。薬剤散布の基本は、予防剤をまいて虫や病気を寄せ付けないようにすることです。予防剤で虫を殺したり、病気を治したりすることはできませんが、寄せ付けないことで発生を防ぎます。治癒剤が直接虫を殺したり、病気を治したりします。

殺虫剤はその名のとおり、虫を駆除するために使います。殺菌剤はカビや細菌類などの微生物を駆除することで、それによって発生する病気を抑えます。殺ダニ剤はダニを駆除します。ダニには、一般的な殺虫剤や殺菌剤が効かないので、ダニに特化したものを散布します。虫や病気は同じ薬を撒き続けていると耐性がついてくるので、同じ虫や病気に効くものでも成分の系統の違うものをローテーションして使っていきます。

◎薬剤の使用が気になる場合

薬剤の使用が気になる方には、無機質系の薬剤（セルコートアグリ：医薬品に使用されている安全なアクリル系のものでつくられている）や手の消毒液による病害虫防除もおすすめしています。そのほかにも、水あめ、ヤシ油、除虫菊など天然成分由来の薬剤も多くありますし、木酢液や牛乳なども効果があることが知られています。

◎注意したい虫と病気

多くの虫や病気は弱らせることはし

82.

チャドクガの被害

ハムシの被害

ても、樹木を枯らすことは少ないです。もし被害を発見したら、駆除して被害部分を取り除き、薬剤散布を行います。

以下に挙げる害虫は枯れる可能性の高いものです。これらには、十分注意しましょう。

【カミキリムシ】

季節はずれの紅葉などの症状が表れたら要注意です。大きな枝が突然枯れたり、ひどい場合は木全体が枯死します。根元に木屑がたまっていれば、幹の中にカミキリ虫の幼虫がいます。幹に穴が開いていないか確認してください。穴を見つけたら、穴の中に殺虫剤を注入します。専用の殺虫剤がホームセンターなどに販売されています。

【マツノマダラカミキリ／マツノザイセンチュウ】

マツ枯れを起こす害虫です。マツノマダラカミキリがマツの枝を食害した傷に、カミキリの体内にいたマツノザイセンチュウが入り、マツの中で増殖して維管束を詰まらせることで、枯れてしまいます。

防除方法は2つあります。一つ目はマツノマダラカミキリを防除する方法。二つ目は侵入したマツノザイセンチュウを増殖させない方法。マツノマダラカミキリは一般的な害虫防除と同じく、薬剤散布により遠ざけます。カミキリの成虫が発生する前の春先から行うのが一般的です。マツノザイセンチュウは樹幹注入剤により増殖を防ぎます。カミキリ成虫の発生3カ月前から使用します。

【カシノナガキクイムシ】

ナラ枯れは、カシノナガキクイムシが媒介するナラ菌（カビ）による伝染性の萎凋病（いちょうびょう・感染木が急激に枯死する病気）です。殺菌剤を幹に注入し、病原菌を樹木内に蔓延させない方法があります

雑草との付き合い方

造園界では、「草むしり」ではなく「草引き」をしろ、という言葉があります。雑草はできるだけ根から抜けということです。根から抜かないと、また生えてきてしまうからです。特にコケが生えている場所から出てきた雑草は早めに抜いてください。雑草の根に引っかかってコケが剥がれてしまう恐れがあるからです。

庭仕事で一番大変なのが草引きです。しかし、最も庭の魅力を感じられるのも、草引きの時ではないでしょうか。かがんで、近づいて植物をよく眺められるからです。近づいてみると、植物は実に不思議な色や形をしていることに気が付きます。雑草の中にもきれいな花を咲かせたり、可愛らしい姿をしているものも多くあります。それほど邪魔にならずにいてくれるものは、少し放っておいて様子をみてもいいと思います。たとえば、ドクダミは、独特の匂いで嫌われることの多い雑草ですが、梅雨時期にきれいな白い花を咲かせますし、葉はお茶としても利用できます。それらを調べて色々と覚えていくのも庭の楽しみの一つではないでしょうか。

83.

剪定で美しさを整える

植物は常に成長していきます。２mくらいのか細い木でも、10年何もせずに放っておけば、家の高さより大きくなる場合もあります。成長の遅い木でも葉が茂っていくので、日本の気候で庭を放っておくと、藪になってしまいます。下草は互いに競争すると種類が減りますし、高木が生い茂りすぎると、下草は生えなくなってしまいます。

　自然の山の中でも木々が生い茂った場所には、下草はほとんど生えていないことが多いです。逆に木がない都会の空き地には雑草が繁殖していることも少なくありません。庭の植物をよい状態で維持していくには、剪定したり、間引いたり、人の手で植物をコントロールする必要があるのです。

　剪定は成長を緩やかにし、込みすぎた枝を透かして、風通しをよくし、ほどよい光を下まで差し込むようにするために行います。また、美しい樹形、枝ぶりを維持するためにも剪定は欠かせません。自然の木は、剪定せずとも美しい樹形になっているのでは？と聞かれることもありますが、その樹形は、その場の環境、特に光の当たり方に左右されます。自然の中では、光によって剪定されていると考えられるでしょう。

　その木を庭に移した場合、育った環境と同じように成長することは、まずありません。したがって、その場に合わせて樹形は徐々に変わっていきます。それは、必ずしも望んだ形になるわけではありませんから、その変化を読みながら、その時々の美しさを整えるのが剪定の目的ともいえるでしょう。剪定の加減も空間によって対応を変えて

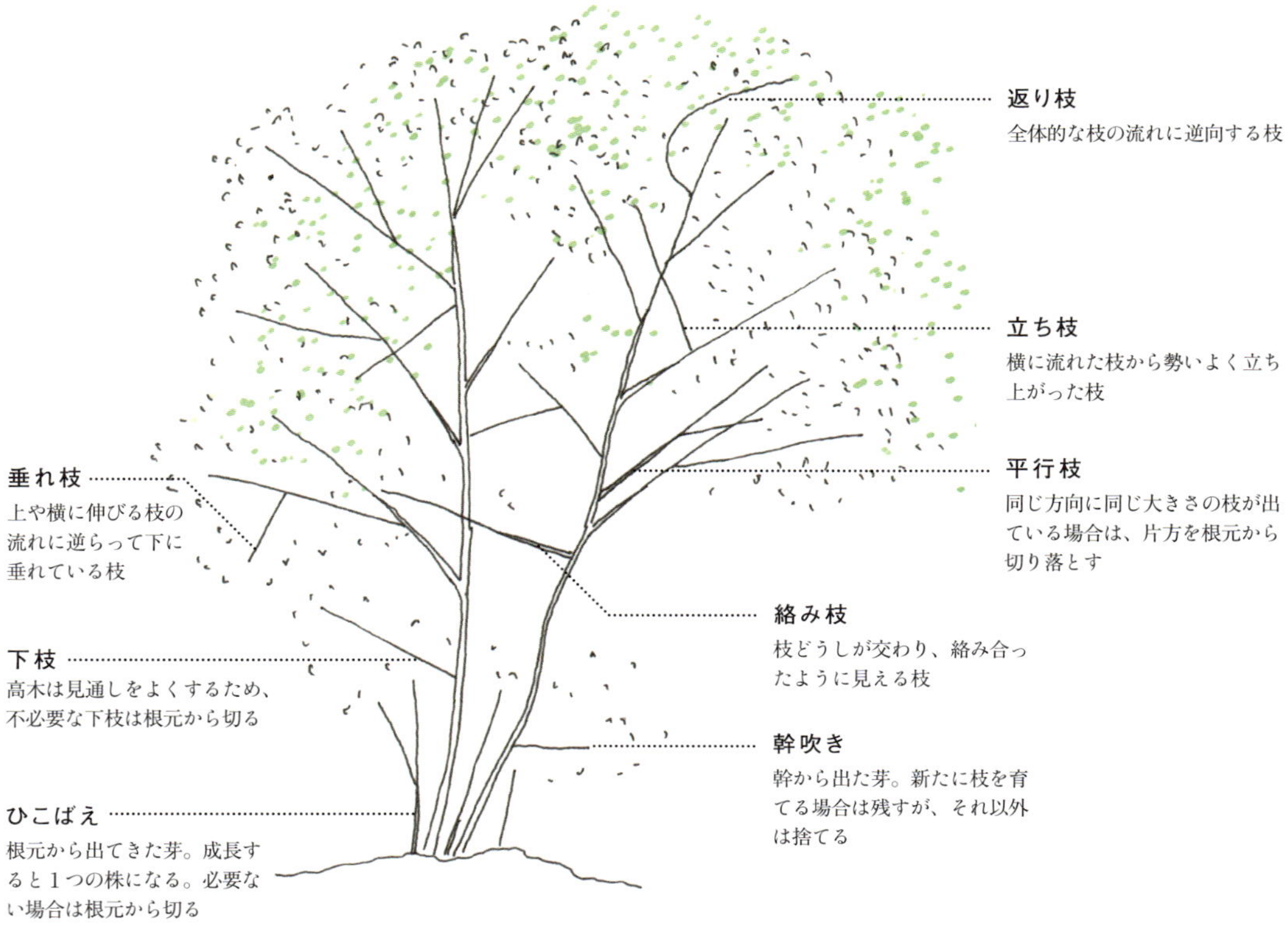

返り枝
全体的な枝の流れに逆向する枝
立ち枝
横に流れた枝から勢いよく立ち上がった枝
平行枝
同じ方向に同じ大きさの枝が出ている場合は、片方を根元から切り落とす
垂れ枝
上や横に伸びる枝の流れに逆らって下に垂れている枝
絡み枝
枝どうしが交わり、絡み合ったように見える枝
下枝
高木は見通しをよくするため、不必要な下枝は根元から切る
幹吹き
幹から出た芽。新たに枝を育てる場合は残すが、それ以外は捨てる
ひこばえ
根元から出てきた芽。成長すると１つの株になる。必要ない場合は根元から切る

いきます。アプローチ廻りや、リビングからの眺め、2階の部屋からの景色など、それぞれの空間に合わせて少しずつ切り方を変えていきます。そして、家とのバランス、街並みとの調和も大事にします。

剪定の方法は、大きく分けて2種類あります。透かし剪定と刈り込み剪定です。この2つは、樹木の性質をまったく逆に利用しています。通常、枝の先端部分を切ると樹木は切られた部分から、たくさんの短い枝を出します。刈り込み剪定は、この性質を利用して、丸や四角など面のある形をつくっていきます。丸いツツジや四角い生垣など、見たことがある人も多いと思います。

一方、透かし剪定は、一般に自然樹形と呼ばれる形に仕上げていきます。重なり合っている枝を付け根から切り取って、枝と枝の間を透かしていく剪定方法です。枝の途中で切ってしまうとブツ切りで人工的になってしまいますし、切り口から不自然な小枝が生えてくるようになります。できるだけ付け根から切落とし、幹から枝へと自然なラインを描くように意識します。透かし剪定は樹木の本来持っている個性を引き出すことができるので、私は主に自然風の透かし剪定を行っています。

・POINT・

太い枝を切ったときの切り口の断面が大きい場合、傷口の癒合に時間がかかるため、雑菌や雨水が侵入して傷口から腐ることがあります。そこで雑菌や雨水から傷口を守るために、癒合剤を使います。大きな切り口にはぜひ塗ってあげてください。

【癒合例】

【成功例】

【失敗例】

・BEFORE・

・AFTER・

84.

透かし剪定の方法

透かし剪定をする際、基本となる3つの考え方があります。「濃い・薄い」「やわらかい・かたい」「枝の流れと樹形」です。

◎濃さを合わせる

「濃い・薄い」は枝葉の量を表します。単純に葉が多い状態を濃い、少ない状態を薄いと考えてもらって大丈夫です。枝によって、濃い・薄いの差が生じるので、濃い部分を剪定して薄くし、「濃さ合わせ」をします。樹木一本の濃さがそろったら、隣り合う木、全体の濃さを合わせていきます。樹種によって葉の大きさや密度の違いはありますが、樹木を少し離れてみた時の透過してくる光の量を均一にする、というようなイメージです。

「濃い・薄い」は場所に合わせて変えていくこともしばしばです。目隠しを兼ねている樹木は濃く残し、中庭など光を多く取り込みたい場所は薄くするという感じです。

◎枝の印象をやわらかく

「やわらかい・かたい」は、枝から受ける印象です。細くて、風になびくような枝を「やわらかい」といい、反対に太くずんぐりとした枝を「かたい」と表現します。「やわらかい」と感じる枝は、幹元から枝先まで緩やかに細くなっていったものです。枝先だけ細くて、途中まで太いものは、「やわらかい」とは感じません。「かたい」枝

・BEFORE・

・AFTER・

【庭全体の透かし剪定】

全体の濃さを合わせながら剪定を行う。秋から冬にかけてこのような剪定を行うことが多い

・BEFORE・

・AFTER・

【部分的な剪定】

中央のユズリハが濃かったので、周りの木に濃さを合わせる剪定を行った。年間通して、その状況ごとに合わせて行う

幹吹き剪定。幹から出た芽は、向きの良いもの以外は小さいうちに剪定する

古葉をむしる剪定。手間はかかるが、植物への負担も少なく、仕上がりも美しくなる(上)。分岐枝が多いところは枚数を減らす（下）

は途中まで太く、急に細い枝に切り替わった状態のものです。

「かたい」枝の最たるものは、途中でぶつ切りにされた枝です。基本的に、「かたい」枝というのは、枝先を切り詰める剪定によって生じます。枝先を同じところで切り続けていくと、枝自身が徐々に太ってしまうからです。かたくなり過ぎた枝は、どこかのタイミングで、切らなければなりません。やわらかい枝を維持するには、時に幹元から大枝を抜くような剪定をする必要があります。

◎気勢をそろえる

「枝の流れ」は幹や枝の向いている方向のことです。幹や枝の流れのことを気勢と呼んでいますが、気勢をそろえることが、樹木の美しさを引き出します。基本的には、気勢にそぐわない方向に伸びてきた枝（返り枝、立ち枝など）を切ることで、枝の流れを整えていきます。大枝を抜くときにも、枝の流れを見ることが大事になってきます。枝の流れが、変わらない、もしくは変わっても大丈夫、ということをよく吟味して剪定します。

もう一つ、美しい樹形を保つうえで大切な考え方があります。それは「差し替え枝」を育てるということです。人間社会でも後進を育てることは大事ですが、木の剪定でも同じく重要になってきます。樹木のスケールをなるべく抑えたまま、やわらかくて枝の流れのよい樹形を維持するために、大きく、かたくなった枝を切りますが、大きくなり過ぎたからといって、いきなり切ってしまうと樹形が乱れてしまいます。切るための準備を何年か前から準備しておく必要があるのです。

具体的には、幹吹き枝などで方向のよいものを残し、後継枝を育てていくのです。しかし、意識していないと切ってしまったり、差し替えられる方の枝を残しすぎて、良い方向に育ってなかったりといった失敗例も見受けられますので注意が必要です。

樹木には様々な性質があるので、切り方はそれぞれの枝葉の量や樹形、気勢に合わせていくことが必要です。樹木と対話しながら、その成長に合わせて枝づくりをしていくなど、手入れを楽しんでほしいと思います。

・カエデ・モミジの剪定・

【冬季】落葉期(12月～1月が適期)に枯れ枝、内向枝、交差した枝など不要枝を根元から切る
【夏季】たくさんの枝が密生するので透かし剪定を行う。ただし、切りすぎると幹やけをおこすので注意
・カエデ・モミジは枝の流れを見せることを意識して剪定する
・幹吹きは取り、良い方向に伸びている枝は育てていく

・花が咲く植物の剪定・

・花芽のできた枝を剪定すると花が少なくなってしまうので注意する
・花芽は大きく分けて花の咲く前年にできるものと、その年に成長した枝につくものの2種類がある。花が終わった後にすぐ剪定するのが確実
・花芽の形成は種類ごとに違うので図鑑などで確認する

・アカマツの剪定・

主に秋冬に剪定する。古葉を手でむしる（もみ落とす）剪定を行うと、柔らかい樹形を保ちやすい。若い枝からしか新芽が出ない性質で、幹吹きからの枝の更新はできないので、大きく切る場合は十分注意する

85. 芝生の管理

◎刈込み

芝生の管理と言えば、真っ先に刈込みを思い浮かべるのではないでしょうか。芝刈りは大変そうに見えますが、やってみると楽しい作業です。芝を刈った後の芝生の美しさを見ると達成感がありますし、芝の香りもいいものです。今までほとんど興味なかったのに、芝刈りが趣味になるほどはまる人もいます（笑）。

芝は刈り込むことで、葉が上に伸びる代わりに密度が高くなり、繊細で均一な美しい芝生となっていきます。芝生の刈り込みは生長時期（5月〜11月）に月2〜4回が目安です。

刈込みの高さの目安は、15㎜〜25㎜ですが、その時の状態を見て判断します。定期的に刈り込める場合、家庭では20㎜くらいでも、きれいに保てます。ちなみにゴルフ場のグリーンは4㎜程度まで刈り込みます。

刈込みは伸びすぎないうちに行うのが基本ですが、伸びすぎた時は、高めで刈ります。草丈の半分以上が目安です。伸びすぎた芝は、軸（茎にあたる部分）も立ち上がってきているので、その部分を残して切ります。軸部分まで急に低く刈りすぎると、弱ってしまうことがあります。段階的に刈り高を落としていくとよいでしょう。高麗芝は11月頃に成長が止まるので、その時に刈り止めします。冬は休眠期なので基本的に刈込みは必要ありません。

刈込みと同時に注意したいのが、芝生の際です。芝生はランナー（地下茎）

バウムスタイルアーキテクトの藤原昌彦さん設計の「二つ庭の家」では、島を描くように芝庭をつくった。際にテラスボードを入れてランナーの伸長を防いでいる。また、建物や塀のぎりぎりまで芝を入れると芝刈り機で刈り込みにくいので、テラスボードで処理することで管理もしやすい

を伸ばして徐々に横に広がっていきます。芝が芝地以外に広がらないために仕切りを地中に埋設しますが、成長期にはそれを越えて伸びていきます。これを防ぐために、芝生の際をハサミで切るようにします。また、根は仕切り部分に集中してくるので、仕切り際の根を時折カマなどで切る必要があります。

◎芝刈り機について

芝刈り機には、手動式・電動式・エンジン式と3種類の動力があり、主に芝生面積や予算によってどの方式にするか決定します。芝生が100㎡以下の一般的な庭の面積では、手動式か電動式のいずれかになります。また、100㎡以内なら手押しタイプで十分です。予算があれば、電動式にしてもよいでしょう。それ以上の面積がある場合は、エンジンタイプを選んだ方がよいでしょう。また、傾斜地の場合は、それに特化したタイプの芝刈り機があります。

芝刈り機にも手入れが必要です。芝刈り機の切れ味が悪いと、葉がちぎれたようにギザギザになり、その後の表面が白っぽくなり見た目によくありません。切れ味が悪くなれば、刃の研磨と刃の擦りあわせの調整を行います。芝刈り機の刃を研ぐことをラッピングといいます。メーカーによっては、ラッピングを行ってくれる会社もありますので、それを基準に芝刈り機を選んでもよいでしょう。

キンボシの芝生バサミを使用。伸びた葉をカット（上）。芝刈り機は、ゴルフ場などで使用されているような刃が丈夫なものを選ぶとよい

庭で過ごした分だけ
庭がその家の原風景になる

◎除草作業・雑草対策

芝を刈る前に雑草は抜いておきます。残った根から再発しないよう、根から抜いていきます。どうしても手におえない場合は、除草剤の使用を検討します。除草剤は枯らす植物を選ぶ選択性のものと、すべて枯らす非選択性のものがあります。非選択性の除草剤は芝も枯らしてしまうので使用しません。

選択性の除草剤は、成分によって効く雑草の種類が変わってきます。専門家に相談するのがよいでしょう。除草剤は薬量を間違えると、芝生が枯れるなどの薬害がでますので注意してください。

◎水やり

春、気温が20℃くらいになると生長を始めるので2～3日に一度たっぷり水をあげてください。

夏は、朝方か夕方の気温の低い時期にまきます。日中の気温の高い時間に水まきをすると、水分で芝生が蒸れて

しまうからです。

冬は、高麗芝などの日本芝は、休眠しているので、散水はほとんど必要ありません。とはいえ、雨がほとんど降らずに、乾燥が続くときには一週間に一度くらい散水してください。芝生にはこまめな水やりが必要となってくるので、自動散水装置の設置をおすすめします。

◎肥料を与える

芝生は施肥《せひ》することで、成長を促し、密度を高めていきます。施肥後、芝は大きく成長するので、必ず刈り込むようにしてください。施肥は、4月～10月の間に月1回程度行います。刈りこんだ後、1週間から10日程度の間に行うのがより効果的です。ただし、梅雨時期は病気の原因になるので、避けてください。

肥料は3要素の入った緩行性肥料を施します。3要素とは、窒素（N）:リン酸（P）:カリ（K）のことです。

梅雨の時期は窒素（N）を多用すると軟弱になるので、芝生の状態によっては、窒素控えめに使用するか、施肥量を減らすなどして、徒長《とちょう》を抑えることをおすすめします。

◎目砂作業

目砂《めずな》は芝生面を均一にし、若返りにもなります。年に1度は行いましょう。3～5月に行うのが一般的です。また随時、不陸整正や虫の被害などで穴が開いた場合にも目砂を行ってもよいでしょう。休眠期に入る晩秋は避けます。砂に埋もれて枯れたり、弱ったりしてしまうからです。

目砂は芝生の葉が完全に隠れないよう入れます。砂で隠れてしまうと、枯れてしまうこともあります。砂はトンボなどで平らに均していきます。目安は厚さ約3～5㎜ぐらいです（㎡当たり5L～10L）。砂の種類は川砂か山砂がよいでしょう。粒形（0.5～3㎜）の細かいものを選んでください。

◎病害虫防除

高麗芝は比較的病害虫に強い品種ですが、芝生が弱っている時には被害が大きくなります。したがって一番の病害虫の対策は芝生を丈夫に育てることです。それでも病害虫の被害がひどい時は薬剤散布を考えます。

◎芝生が枯れたとき

水切れ、病害虫によって部分的に枯れることが時々あります。根付いていた芝の場合、根が生きていれば時間はかかりますが、蘇生します。大きい面積が枯れた場合は、張り替えすることをおすすめしています。

・肥料の調合・

【生育期】
平行型を使用。1m2当たり20ｇが目安
N10:Ｐ10:Ｋ10　またはN8:Ｐ8:Ｋ8
【春の立ち上がり時】
リン酸（Ｐ）を多めにするのが望ましい
N5:Ｐ10:Ｋ10
【梅雨の時期】
窒素（N）を減らすのが望ましい
N0:Ｐ10:Ｋ10

どの部屋からも眺められる庭が、住まいの中心。芝生で島を描くようにゾーニングし、周囲に植物を植えることでさまざまな角度から異なる表情の庭を楽しむことができる。広めにつくったデッキテラスでは家族が集まり、バーベキューを楽しでいるそう

二つ庭の家（岡山）

設計：バウムスタイルアーキテクト
施工：バウムスタイルアーキテクト
敷地面積：346.74㎡
建築面積：127.02㎡

樹木が
その土地の環境に
なじむのには
少し時間が必要です。

根付くまでのあいだに、
落葉することや、
枝が枯れることがありますが、
それは根と葉数を
自分で
調整しているからです。

植えたすべての樹木たちには、
美しく育つよう
言い聞かせております。

住まい手のAさんからいただいたハガキには、庭で収穫された美味しそうなミカンの絵が描かれていました。ご夫婦で食後にコーヒータイムを庭で楽しむようになったとの嬉しい知らせをいただきました。

今後も
愛情をもって接していただければ
喜ぶことでしょう。

また、自分の好みに合わせて
積極的に庭に手を入れていただき、
土や植物と触れ合うのを
ぜひ楽しんでもらいたい
と思っています。

時間を経て健やかに
庭が成熟していく様や、
季節のうつろいを
楽しんでいただけることを
祈っております。

——荻野寿也

Appendix .

美しい
住まいの
植物図鑑
140

Trees. | Lower Trees.
Bushes. | Sakura and Azalea.
Flowers and Undergrowth.
Wild Grass.

Contents .

目次

高木

中木

低木

Contents .

目次

花・下草（グランドカバー）

山野草

サクラ・ツツジ

Glossary.

用語解説

本図鑑で使用しているものや植栽関連で
使われることの多い用語を解説します。

秋植え球根
【あきうえきゅうこん】
秋に球根を植え付ける球根花のこと。派手で目立つ花が多く、簡単に育つので、花の時期の驚きを想像してサプライズで土の中に忍ばせておく。

一年草【いちねんそう】
発芽してから1年以内に花・実を付けて枯れる植物の総称。花期が長く生育が安定しているため、庭のアクセントとして用いる。暮らす人の好みや気分で植え足すのにも最適。

強剪定【きょうせんてい】
太い枝を根元から切る剪定。大きくなりすぎたり、枝が密生した樹木に行う。一般的に落葉樹は冬季、常緑樹は春以降が適期。樹種によっては樹木が元に戻ろうとして、強剪定した個所からかえって強い枝が出てしまうこともある。そのため、数年かけて計画し、幾度かに分けて剪定を行うほうがよいケースもある。

コケ植物【こけしょくぶつ】
水や養分を運ぶ維管束をもたない陸上植物の総称。庭の熟成感を演出する。日照条件に合わせて種類を使い分けるとよい。

宿根草【しゅっこんそう】
冬に地上部が枯れ落ちて休眠状態となる多年草。冬場に寂しくならないように常緑多年草と組み合わせて植えるとよい。

常緑高木【じょうりょくこうぼく】
高木のうち、常緑性のものを指す。冬にも濃い緑があるため、アイストップ（視線遮蔽）として用いることもある。半面、南側に寄せて植えると冬場の日照が遮られるおそれがあるので、注意が必要。

常緑多年草
【じょうりょくたねんそう】
多年草のうち、常緑性のもの。葉形・葉色を重視して選ぶ。香りのあるハーブなどを玄関や風通しのよい個所に植える。

常緑中木
【じょうりょくちゅうぼく】
中木のうち、常緑性のもの。冬に緑が欲しい個所や目隠しに多く用いる。少し暗めの場所であれば生育を抑えられ、柔らかな樹形になる。

常緑低木【じょうりょくていぼく】
低木のうち、常緑性のもの。群植させることで庭の雰囲気をつくるベースとなる。刈り込まず、透かし剪定を行うことで重みをなくす。

透かし剪定【すかしせんてい】
人工的に剪定したように見えないよう、自然な感じに仕上げる剪定のこと。木の輪郭を維持し、内部を透かす。枝先は切り詰めずに残し、少しの風でも揺らぐようにする。樹木内部の風通しや日当たりがよくなるので、病害虫の防除にもつながる。

耐寒性多年草
【たいかんせいたねんそう】
寒さに強い多年草のこと。越冬可能であるため多用する。逆に暑さに弱い品種も多いので、日陰になる場所に植えるとよい。

多年草【たねんそう】
数年にわたって枯れず、毎年花を咲かせる植物の総称。地表を緑で彩るグランドカバーになる。日照や土地・建物の雰囲気に合わせて植物を選ぶ。

徒長枝【とちょうし】
樹木の幹や枝から発生する、上方に向かってまっすぐに伸びる太い枝。この枝は樹形を乱すため基本的に剪定するが、樹高が必要な場合や、見栄え上、都合のよい場所に発生したときなどはうまく利用できることがある。

葉水【はみず】
葉に水を与えること。室内や、屋外でも軒下など直接雨が当たらない場所では、葉がほこりで汚れたり、乾燥しやすく、病害虫が発生する場合がある。霧吹きやホースなどで直接葉に水をかけることで、植物の健康を維持することができる。ただし、屋外においては、夏の暑い時期に行うと葉が焼けてしまうので、その時期の葉水は避ける。

半落葉低木
【はんらくようていぼく】
半落葉（または半常緑）とは、環境や地域によって葉を落とす時期がある、常緑と落葉の中間のような性質を指す。半落葉低木は、葉を落としたり、傷んだように見えるため、目隠し効果を期待するときは注意が必要。

ひこばえ
地面に近い木の根元から新たに出てくる枝。樹形を乱すため剪定することが多いが、木が高くなりすぎたり、樹勢が衰えてきたりした幹に代わって、ひこばえを利用して更新させることもある。

山採り【やまどり】
山に自生する樹木を掘り起こして庭木として用いること。人の手で育てたものと違い、山の限られた栄養分を確保するために他の樹木と競い合って育った樹形は、1本1本個性的で、繊細な美しさをもつ。現在は生産農家でも斜面に植え付けて育てるなど、山採り風に栽培する工夫をしているところもある。

落葉高木【らくようこうぼく】
高木のうち、落葉性のものを指す。繊細な樹形や幹の表情を楽しめ、雑木林の雰囲気を出せる。南側に植えると、葉が繁る夏場は日射を遮蔽できる一方、落葉する冬場は日照を利用できるメリットがある。

落葉中木【らくようちゅうぼく】
中木のうち、落葉性のもの。アイストップになるため、花・実・樹形が特徴的なものを選ぶ。幹焼けを防ぐ目的で高木に添えることもある。

落葉低木【らくようていぼく】
低木のうち、落葉性のもの。花や香りに特色のあるものを選ぶことで、四季の移り変わりをより強く感じることができる。

Category. 1

高木（3m以上）

風格ある庭の主木として用います。造園現場でも最初に植え、全体の空間的な重心を決める重要な１本となる場合が多く、建築のプロポーションを考慮し、芯となる位置を見極めて植えます。また、高木ならではの高さを活かし、建築の南側に植えて日照を遮ることで、室内の温度を下げる効果を果たします。高い位置では周囲に遮るものがないことが多いため、日照に強い木がおすすめ。

アカマツ

マツ科／常緑高木

［分布］
北海道・本州
四国・九州
朝鮮半島
中国（東北部）

［花・実のなる時期］
【花】－
【実】－

［日照］
日向で育てる

特性・植栽のポイント

庭木の王様と呼ばれるほど、太くて風格のある庭木。雑木との相性もよく、赤く美しい幹肌が特徴。他の樹木よりも高くなるように植えると、庭の空間に開放感や重厚感が出る。乾燥に強く、日照を好む。水はけのよい痩せた土壌に植えると樹形が落ち着き、健康に育つ。日本の山の風景を代表する木のため、残していくべき品種。

お手入れ・メンテナンス

枝が混雑して日陰ができると、その部分に枝枯れが生じるので、混み枝を間引く。また、古葉を取ることで葉量を調節し、幹を磨くことで美しい姿を保つことができる。松枯れを起こす線虫類を媒介するマツノマダラカミキリの発生に注意する。

イジュ

ツバキ科／常緑高木

［分布］
九州（奄美諸島）
沖縄

［花・実のなる時期］
【花】 4月〜5月
【実】 –

［日照］
日向で育てる

特性・植栽のポイント
濃い色の葉のため目隠しとしても使える。初夏に清楚な白い花を上向きに咲かせる。暖かい地方向き。

お手入れ・メンテナンス
不必要な枝を間引いて自然樹形を保つ。夏以降の剪定を控えたほうが花が多く咲く。

ソヨゴ

モチノキ科／常緑高木

［分布］
本州・四国・九州
中国、台湾

［花・実のなる時期］
【花】 6月〜7月
【実】 10月〜11月

［日照］
半日陰で育てる

特性・植栽のポイント
葉が風にそよぐ葉擦れの音が名前の由来。アカマツ林で多く見られ、水はけのよい土を好む。耐寒性・耐陰性がある。

お手入れ・メンテナンス
樹形があまり乱れない。枝抜きで自然樹形を保つ。病害虫は少ない。

コバンモチ

ホルトノキ科／常緑高木

［分布］
本州（近畿以西）
四国・九州・沖縄
中国、台湾

［花・実のなる時期］
【花】 5月〜6月
【実】 –

［日照］
半日陰〜日向で育てる

特性・植栽のポイント
長細い小判のような葉が特徴で、軽やかな姿が印象的。常緑樹の中では比較的寒さに強く、半日陰で育てると自然樹形の柔らかな状態を保てる。暖かい地方に分布する常緑樹で、大きなものは樹高20mにもなるが、庭で用いるものは2〜4mほどのものが多い。

お手入れ・メンテナンス
害虫の心配は不要。山取りの木を使うと胴ぶきなどで樹形が乱れやすいので、軽い剪定で樹形を整え、風通しをよくする。コバンモチのように光沢のある葉をもつ常緑樹は、定期的に葉に水をかけて汚れを落とすことで、葉がより美しく見える。

ホルトノキ

ホルトノキ科／常緑高木

［分布］
本州（千葉県以西）
四国・九州・沖縄

［花・実のなる時期］
【花】 6月〜7月
【実】 −

［日照］
半日陰〜日向で育てる

特性・植栽のポイント
真っ赤に紅葉した古い葉が1年を通して見られる。枝葉に密度があり、目隠しに使える貴重な樹木である。

お手入れ・メンテナンス
自然樹形を保つため、枝先を切り詰めないように気を付ける。

マツラニッケイ

クスノキ科／常緑高木

［分布］
本州（千葉県以西）
四国・九州・沖縄
朝鮮半島、台湾

［花・実のなる時期］
【花】 3月〜4月
【実】 −

［日照］
半日陰〜日向で育てる

特性・植栽のポイント
早春に赤い小花が集まって咲く姿が特徴的。枝や葉を傷つけると爽やかに香る。美しい樹形を維持するためには半日陰で育てる。西日は避ける。

お手入れ・メンテナンス
見栄えが悪い古葉を取り除く。葉は手でむしることができる。

ヤマモガシ

ヤマモガシ科／常緑高木

［分布］
本州（東海・中国地方・紀伊半島）・四国
九州・沖縄
アジア（東南部）

［花・実のなる時期］
【花】 7月〜9月
【実】 −

［日照］
半日陰〜日向で育てる

特性・植栽のポイント
ブラシのような花を咲かせる暖かい地方向きの樹木。葉は薄く、若木には鋸歯がある。あまり場所を選ばず、日陰にも比較的強い。

お手入れ・メンテナンス
胴ぶきしたら、幹のラインが見えるように剪定する。

アオハダ

モチノキ科／落葉高木

［分布］
北海道・本州
四国・九州
朝鮮半島、中国

［花・実のなる時期］
【花】 5月〜6月
【実】 −

［日照］
半日陰で育てる

特性・植栽のポイント
樹皮が薄く暑さに弱いので、幹焼けしない場所が適する。葉の色が薄く軽やかな印象で、枝ぶりには古木感がある。

お手入れ・メンテナンス
水を欲しがる樹木なので、特に夏場の水切れには注意が必要。

アカシデ

カバノキ科／落葉高木

［分布］
北海道・本州
四国・九州
朝鮮半島、中国

［花・実のなる時期］
【花】 4月〜5月
【実】 −

［日照］
日向で育てる

特性・植栽のポイント
赤みを帯びた新芽が美しく、幹は成長すると血管のような脈や溝ができて、力強い印象。場所を選ばずに育てられる強健な樹木。

お手入れ・メンテナンス
自然樹形を保つため、枝先を切り詰めず、徒長枝など不要な枝を抜く程度とする。

アオダモ

モクセイ科／落葉高木

［分布］
北海道・本州・四国
九州・南千島

［花・実のなる時期］
【花】 5月〜6月
【実】 −

［日照］
半日陰〜日向で育てる

特性・植栽のポイント

野球のバットの材にもなることで知られる樹木。成長が遅く、建築に当たるほど大きくならないうえ、半日陰でもよく育ち樹形が乱れにくいため、中庭でも使いやすい。幹の模様が美しく、落葉後の姿も絵になる。サイズも多様で、どのような建築にも合う表情をもつ。日向を好むが、日当たりが強いと模様が薄くなる。

お手入れ・メンテナンス

乾燥や寒さに強く、病害虫もほとんどないので育てやすい。剪定は、樹幹の内部を透かし剪定する程度で手入れにも手間がかからない。ただし、植え付け1年目は土壌を乾燥させないように水やりを十分に行う。

アズキナシ

バラ科／落葉高木

［分布］
北海道・本州
四国・九州
アジア（東北部）

［花・実のなる時期］
【花】 5月〜6月
【実】 9月〜10月

［日照］
半日陰で育てる

特性・植栽のポイント

秋になると、樹冠いっぱいに小粒の赤い実が付き見事。日向から半日陰で育ち、育てやすいので街路樹などにも使われている。

お手入れ・メンテナンス

樹形が乱れてきたら剪定で整える程度でよく、手間はあまりかからない。

アベマキ

ブナ科／落葉高木

［分布］
本州（山形県以西）
四国・九州
アジア（東南部）

［花・実のなる時期］
【花】 4月〜5月
【実】 翌年10月〜11月

［日照］
日向で育てる

特性・植栽のポイント

クヌギと似た樹木。樹皮がコルク質で弾力があり、柔らかな印象。成長するにつれて幹の迫力が増すので、幹の面白さを楽しめる。

お手入れ・メンテナンス

樹形が乱れてきたら剪定で整えるが、強剪定は避ける。

イペ

ノウゼンカズラ科／落葉高木

［分布］
南アメリカ原産

［花・実のなる時期］
【花】4月～5月
【実】－

［日照］
日向で育てる

特性・植栽のポイント
ブラジルを代表する花で、鮮やかな黄色の花は注目を浴びる。沖縄では街路樹にも使われている。暖かい地方向き。

お手入れ・メンテナンス
特に手間はかからないが、寒風が直接当たらないように工夫する。

イロハモミジ

カエデ科／落葉高木

［分布］
本州(福島県以西)
四国・九州
朝鮮半島

［花・実のなる時期］
【花】4月～5月
【実】－

［日照］
半日陰で育てる

特性・植栽のポイント
秋を彩る代表的な樹木。モミジの中では比較的日照に強い。葉焼けを防ぐため、半日陰に植えると美しく育つ。

お手入れ・メンテナンス
初夏からはカミキリムシが卵を産み付けないよう注意する。

コナラ

ブナ科／落葉高木

［分布］
北海道・本州
四国・九州
朝鮮半島

［花・実のなる時期］
【花】4月～5月
【実】10月～11月

［日照］
日向で育てる

特性・植栽のポイント
太く迫力のある幹が特徴。細い木と組み合わせると遠近法で奥行きが出る。成長が早く、強い日差しを和らげるのにも適する。直根性。

お手入れ・メンテナンス
自然に大きく育て、強剪定は避ける。乾燥に強く、根付けば水やりも必要ない。

コハウチワカエデ

カエデ科／落葉高木

［分布］
北海道・本州
四国・九州

［花・実のなる時期］
【花】4月～5月
【実】－

［日照］
半日陰～日向で育てる

特性・植栽のポイント
葉の色付き方が面白く、1枚1枚の色が独立している。1枚の葉の中でさらに半分ずつ色付くこともある。

お手入れ・メンテナンス
初夏からはカミキリムシが卵を産み付けないよう注意する。

ホオノキ

モクレン科／落葉高木

［分布］
北海道・本州
四国・九州
朝鮮半島、中国

［花・実のなる時期］
【花】5月～6月
【実】－

［日照］
半日陰～日向で育てる

特性・植栽のポイント
花・葉ともに日本最大級。朴葉みそという郷土料理で葉が皿に用いられるほど存在感がある。葉を美しく保つため、西日は避ける。

お手入れ・メンテナンス
乾燥に注意して水は多めに与える。特に剪定しなくても樹形は整う。

ミヤマアオダモ

モクセイ科／落葉高木

［分布］
本州
（関東・中部地方）
四国

［花・実のなる時期］
【花】5月
【実】－

［日照］
半日陰～日向で育てる

特性・植栽のポイント
深山に自生する。枝が細く、樹皮が平滑で美しい。葉に鋭い鋸歯があるのが特徴。他のアオダモの仲間と同様、成長は緩やか。

お手入れ・メンテナンス
寒さに強く、病害虫もほとんどない。剪定も透かし剪定をする程度なので、手間がかからない。

ヤマボウシ

ミズキ科／落葉高木

［分布］
本州・四国・九州
朝鮮半島
中国、台湾

［花・実のなる時期］
【花】6月～7月
【実】8月～10月

［日照］
半日陰で育てる

特性・植栽のポイント
水平に伸びる枝に花を上向きに咲かせるので、特に上からの眺めが美しく印象的。焼けを防ぐため、西日は避ける。

お手入れ・メンテナンス
徒長枝が出るので、枝抜きで整える。あまり乾燥させないよう水やりに気を付ける。

ヤマモミジ

カエデ科／落葉高木

［分布］
北海道・本州
（青森県～島根県）

［花・実のなる時期］
【花】4月～5月
【実】－

［日照］
半日陰で育てる

特性・植栽のポイント
日の当たり具合でさまざまな色に染まるため、同じ木でも見た目の印象が異なる。日照が強いと幹焼けを起こしやすいので、できるだけ半日陰に植える。日向に植え付ける場合は他の樹木を寄せて植え、少しでも日を和らげる工夫をする。コートハウスなど建物を利用して直射日光を防ぐ配置も効果的。

お手入れ・メンテナンス
夏場は乾燥しすぎないように水やりを十分に行う。葉焼け防止には葉水も有効。ただし、日中は避ける。茂りすぎて重くなったら透かし剪定を行う。害虫で注意が必要なのはカミキリムシ。木が枯れるおそれがあるので、幹に入った幼虫は駆除する。

Category. 2

中木（1.5m〜3m）

高木に対して添える木といえます。直立する高木の隣に配置し、木々の広がりを演出します。そのため樹形が柔らかく、繊細な表情を見せるものを選びます。また、人の背丈ほどの木を用いることで隣家からの視線を遮ったり、目隠しとして使うこともできます。高木の陰となることもあるため、半日陰に適した樹木も多くあります。視界を占める割合が大きいため、印象的な樹木を用いるのが効果的です。

オリーブ

モクセイ科／常緑中木

［分布］
地中海沿岸原産

［花・実のなる時期］
【花】5月〜6月
【実】9月〜11月

［日照］
日向で育てる

特性・植栽のポイント

古木の幹は力強く迫力がある。銀色に輝く葉も繊細で美しく、洋風の雰囲気が出る。乾燥地帯の植物だが、日当たりがよく水はけがよければ、特に土壌は選ばない。ただし、耐寒性はあるものの、極寒地では難しい。果実はオイルやピクルスの原材料として楽しめる。実を多く収穫するためには違う品種を添えて植える。

お手入れ・メンテナンス

混み合ってきた枝を整理し、風通しをよくする。春から秋にかけて、幹を食害するゾウムシに注意。乾燥を好むので水やりは控えめに。剪定は枝分かれしている付け根で行う。剪定適期は2月頃だが、それ以外の時期でも余計な枝は適宜落とす。

クロキ

ハイノキ科／常緑中木

［分布］
本州
（神津島・愛知県以西）
四国・九州・沖縄
朝鮮半島（済州島）
台湾

［花・実のなる時期］
【花】3月〜4月
【実】－

［日照］
半日陰〜日向で育てる

特性・植栽のポイント

樹皮・果実が黒く、鳥が食べにくることもある。暖かい場所向きで、半日陰で育てるとゆっくりと成長し、柔らかい樹形を維持する。

お手入れ・メンテナンス

病害虫は特になし。手入れは樹形が乱れたら剪定する程度でよい。

ハイノキ

ハイノキ科／常緑中木

［分布］
本州（近畿地方以西）
四国・九州

［花・実のなる時期］
【花】4月〜5月
【実】－

［日照］
半日陰で育てる

特性・植栽のポイント

常緑樹の中では珍しく、柔らかな樹形が特徴で、やさしい印象を与える。葉を美しく保つには半日陰か日陰に植える。

お手入れ・メンテナンス

根が浅く水を好むので、乾燥に注意し、水やりをたっぷりと行う。

ヒゼンマユミ

ニシキギ科／常緑中木

［分布］
本州（山口県）
九州・沖縄
朝鮮半島（南部の島）

［花・実のなる時期］
【花】4月〜5月
【実】11月〜12月

［日照］
半日陰で育てる

特性・植栽のポイント

日本では西日本の一部にしか自生していない珍しい樹木で、半日陰が最適。葉の色が明るく、一見柑橘類のような印象。目立たない緑の花を咲かせる。枝や茎、実が四角い断面をしていることが特徴。実は熟すとオレンジ色になる。洋風の雰囲気の庭にもよく使われる。

お手入れ・メンテナンス

自然樹形を保つためには、枝透かしをしてすっきりさせる。特に注意すべき病害虫はない。目隠し的に使ったり高木に添えたりなど、その庭の中での役割に合わせて剪定を行うとよい。

フェイジョア

フトモモ科／常緑中木

［分布］
南アメリカ原産

［花・実のなる時期］
【花】5月〜7月
【実】10月〜11月

［日照］
日向で育てる

特性・植栽のポイント
熱帯の果樹だが、寒さにも耐えられる。葉裏が銀色で、洋風の庭におすすめ。果実・花ともに食用にも向く。

お手入れ・メンテナンス
枝が少し暴れるので、枝抜きを定期的に行う。

プルメリア

キョウチクトウ科／常緑中木

［分布］
西インド諸島
熱帯アメリカ

［花・実のなる時期］
【花】7月〜9月
【実】－

［日照］
日向で育てる

特性・植栽のポイント
熱帯を代表する花木。星形の花に強い芳香がある。熱帯地方のみ地植えが可能。よく日の当たるアプローチや風上に植えて香りを楽しむのもよい。

お手入れ・メンテナンス
樹形が乱れたら剪定で整える。剪定時に切り口から出る液が皮膚に付くとかぶれることがある。

ヘゴ

ヘゴ科／常緑中木

［分布］
伊豆諸島以南
インドシナ半島〜
ヒマラヤ

［花・実のなる時期］
【花】－
【実】－

［日照］
半日陰で育てる

特性・植栽のポイント
秋から冬の寒冷期でも湿潤で温暖な熱帯地方にのみ植栽が可能な大型の木生シダ植物。亜熱帯のエキゾチックな雰囲気が魅力。

お手入れ・メンテナンス
土の表土が乾き出したらたっぷりと水を与える。その際、茎を覆う気根にも水をかける。

モンパノキ

ムラサキ科／常緑中木

［分布］
九州（種子島以南）
沖縄、小笠原
アジア東南部
ミクロネシア、アフリカ

［花・実のなる時期］
【花】2月〜6月
【実】－

［日照］
日向で育てる

特性・植栽のポイント
熱帯地方にのみ植栽可能な樹木。潮風害に強い。裂け目が目立つ曲がりくねった幹がタフさを感じさせる。葉は肉厚で銀白色の毛に覆われている。

お手入れ・メンテナンス
自然に美しい樹形をつくり出すので、剪定は枯れ枝を処理するぐらいにとどめる。

ロドレイアヘンリー・レッドファンネル

マンサク科／常緑中木

［分布］
中国（南部）
ベトナム・ビルマ原産

［花・実のなる時期］
【花】3月〜4月
【実】－

［日照］
半日陰〜日向で育てる

特性・植栽のポイント
日陰にも耐える常緑樹。シャクナゲに似た花を枝先に咲かせる。また、花のない時期にも濃緑の葉と赤い枝の対比が鮮やか。

お手入れ・メンテナンス
あまり乾燥させないように水やりをする。古葉は手でむしれる。

ウグイスカグラ

スイカズラ科／落葉中木

［分布］
北海道・本州・四国

［花・実のなる時期］
【花】4月～5月
【実】6月～7月

［日照］
半日陰～日向で育てる

特性・植栽のポイント
日本原産の樹木で、ラッパ状のピンクの花や果実が楽しめる。日向では株にボリュームが出て、花付きもよくなる。

お手入れ・メンテナンス
暴れる感じで枝が生えてくるが、適宜間引いて好みの形に仕立てる。

オオデマリ

スイカズラ科／落葉中木

［分布］
本州

［花・実のなる時期］
【花】4月～5月
【実】－

［日照］
日向で育てる

特性・植栽のポイント
白い花がたくさん集まってできる、手毬のような丸い形が芸術的。花房は大きなもので直径12cmになる。

お手入れ・メンテナンス
混み合った枝は冬の間に整理する。アブラムシやハマキムシの発生に注意。

ジューンベリー

バラ科／落葉中木

［分布］
北アメリカ原産

［花・実のなる時期］
【花】4月～5月
【実】6月～7月

［日照］
半日陰～日向で育てる

特性・植栽のポイント
果実は甘くジャムがつくれる。この実を目当てに鳥が寄ってきて、害虫も駆除してくれる。花が垂れて咲き、秋には紅葉が美しい。

お手入れ・メンテナンス
徒長枝などを整理して樹形を整える。害虫はイラガに注意する。

ツリバナ

ニシキギ科／落葉中木

［分布］
北海道・本州
四国・九州
アジア（東北部）

［花・実のなる時期］
【花】5月～6月
【実】9月～10月

［日照］
半日陰で育てる

特性・植栽のポイント
垂れ下がって付く花と実が特徴的で、秋に赤い実がはじける姿には情緒がある。強い日差しを避け、半日陰に植える。

お手入れ・メンテナンス
夏場は乾燥に注意して水をたっぷり与える。幹焼けにも注意。

ヤマコウバシ

クスノキ科／落葉中木

［分布］
本州
（山形県・宮城県以西）
四国・九州
朝鮮半島、中国

［花・実のなる時期］
【花】4月～5月
【実】－

［日照］
半日陰～日向で育てる

特性・植栽のポイント
秋の黄葉がきれいで、冬の間も枯葉が散らず来春まで枝に残るのが特徴的。枝や葉に傷が付くと香ばしい香りがする。

お手入れ・メンテナンス
独特の香りがあるため害虫が寄り付かないうえ、病害も少ない。

Category. 3

低 木（1.5m以下）

人の顔に最も近くなることから、五感で知覚ができる、花・実のなる木や香りのよい木をよく選びます。また、高木・中木を支える緑として庭のベースとなる植栽帯となるため、同種のものを群植させ、統一感を出すためにも用います。和風・洋風によって樹種も変わるため、庭の雰囲気を演出するためには重要な木といえます。そのほか、建築の基礎や足元の雑多な物を隠す役割も果たします。

ハクサンボク

スイカズラ科／常緑低木

［分布］
本州（山口県）
九州・沖縄
台湾

［花・実のなる時期］
【花】4月～5月
【実】10月～11月

［日照］
半日陰～日向で育てる

特性・植栽のポイント

大きめの青々とした照り葉が魅力の常緑樹で、半日陰で美しい樹形を維持する。春には星をちりばめたような白い花を咲かせ、秋には真っ赤な実を付けるなど、四季の移り変わりを感じさせてくれる。柔らかい枝のものを、高木や中木に絡めて使う。耐寒性・耐暑性ともにあるが、元々暖地に自生しているため、寒冷地には不向き。

お手入れ・メンテナンス

害虫ではアブラムシ・カイガラムシの発生に注意。ハムシに葉を食べられることがあるが、枯れることはない。剪定は徒長枝、絡み枝、古枝を整理する程度で、ほとんど手はかからない。

アオキ

ミズキ科／常緑低木

［分布］
本州（宮城県以南）
四国・九州・沖縄

［花・実のなる時期］
【花】3月〜5月
【実】−

［日照］
半日陰〜日陰で育てる

特性・植栽のポイント
日陰でよく育ち、耐寒性も強い。青葉の原種は雑木にもよく合い、仄暗い山奥の風情が出る。葉数を減らして幹を美しく見せる。

お手入れ・メンテナンス
枝の中間で切ると残った枝先が枯れるので、必ず根元から切る。

イチゴノキ

ツツジ科／常緑低木

［分布］
南ヨーロッパ
アイルランド

［花・実のなる時期］
【花】11月〜12月
【実】11月〜翌年2月

［日照］
半日陰〜日向で育てる

特性・植栽のポイント
常緑性で冬に花が咲く貴重な植物。水はけのよい酸性の土壌を好む。南ヨーロッパ原産であるためか、どこか洋風の雰囲気がある。

お手入れ・メンテナンス
剪定は透かし剪定で、風通し・日当たりをよくする程度でよい。夏場の乾燥には注意が必要。

カミヤツデ

ウコギ科／常緑低木

［分布］
中国（南部）、台湾

［花・実のなる時期］
【花】11月〜12月
【実】−

［日照］
日向で育てる

特性・植栽のポイント
直径70cmにもなる大きな葉が特徴。周辺に陰ができ、他の植物が育ちにくいため場所を選ぶ。日当たりがよく、湿潤な土壌が適している。

お手入れ・メンテナンス
冬に5℃以下の気温が続くと葉が落ちる。大きくなりすぎた株は地際でカットして更新する。

ギンバイカ

フトモモ科／常緑低木

［分布］
地中海沿岸
中近東

［花・実のなる時期］
【花】5月〜6月
【実】10月

［日照］
半日陰〜日向で育てる

特性・植栽のポイント
温暖な気候に適した植物で、耐寒性はあまり高くない。日当たりがよく、寒風の当たりにくい中庭や建物際に植えるとよい。

お手入れ・メンテナンス
徒長枝が出るので枝の又でカットする。剪定の適期は花後すぐ。病害虫の心配は特にない。

ゴモジュ

スイカズラ科／常緑低木

［分布］
九州（奄美大島）
沖縄、台湾

［花・実のなる時期］
【花】3月〜5月
【実】−

［日照］
半日陰〜日向で育てる

特性・植栽のポイント
寒さに弱いので、霜の降りない場所で使う。成長が遅く樹形が乱れにくい。葉をもむと胡麻に似た香りがする。

お手入れ・メンテナンス
成長は遅いが枝が混み合ってくるので、定期的に剪定して幹をすっきり見せる。

セトシロサザンカ

ツバキ科／常緑低木

［分布］
四国（西南部）
九州・沖縄

［花・実のなる時期］
【花】10月～翌年3月
【実】－

［日照］
半日陰で育てる

特性・植栽のポイント
カンツバキの白花品種で、冬でも長期にわたって花を楽しめる。花は小ぶりの八重咲で、上品な印象を与えられる。

お手入れ・メンテナンス
春過ぎからチャドクガの発生に注意。花が咲き終わった直後に剪定する。

テンダイウヤク

クスノキ科／常緑低木

［分布］
中国（中部）原産

［花・実のなる時期］
【花】4月
【実】－

［日照］
半日陰～日向で育てる

特性・植栽のポイント
半日陰に適した暖かい場所向きの低木。春に集まって咲く黄色い小花と、少し変わった姿が変化があっておもしろい。

お手入れ・メンテナンス
自然樹形にするためにはあまり手を入れず、大きく育てる。

マルバシャリンバイ

バラ科／常緑低木

［分布］
本州（山口県）
四国・九州

［花・実のなる時期］
【花】5月～6月
【実】8月～9月

［日照］
半日陰～日向で育てる

特性・植栽のポイント
街路樹などで最も一般的な低木の1つ。シャリンバイの変種で、葉は丸みと艶がある。放任するとおもしろい枝ぶりに育つ。暖地に適する。また、潮風に耐え、日陰にも強く、砂質土を好むなど、とても丈夫である。香りのよいウメに似た、白くかわいい花を咲かせる。ピンクの花の品種もある。

お手入れ・メンテナンス
成長は遅い。特に手入れの必要はなく、枝が絡んできたら間引く程度でよい。葉に斑点が出る病気があるが深刻なものではないので、見栄えが気になるようなら、斑点の出た葉を取り除けばよい。

ニオイバンマツリ

ナス科／常緑低木

［分布］
熱帯アメリカ原産

［花・実のなる時期］
【花】6月〜8月
【実】 –

［日照］
半日陰〜日向で育てる

特性・植栽のポイント
紫から白に変化する花が特徴。まるで2色咲きのようになり、きれいである。花が放つ甘い香りは夜に強くなる。

お手入れ・メンテナンス
日向を好む。耐寒性がやや弱いので、霜に注意が必要。

ビバーナム・シナモミフォリューム

スイカズラ科／常緑低木

［分布］
地中海沿岸原産

［花・実のなる時期］
【花】4月〜5月
【実】 –

［日照］
半日陰〜日向で育てる

特性・植栽のポイント
濃いグリーンの葉が印象的、低い位置に緑量が欲しいときに重宝する。ツツジの代わりにもなる。洋風の庭によく合う。

お手入れ・メンテナンス
ひこばえ、込み枝を地際から間引く。枝先は切り詰めない。

ミヤマシキミ

ミカン科／常緑低木

［分布］
本州（関東地方以西）
四国・九州
台湾（高地）

［花・実のなる時期］
【花】3月〜5月
【実】 –

［日照］
半日陰〜日陰で育てる

特性・植栽のポイント
常緑樹の中では寒さに強く、耐陰性もある。10月頃から付く赤い蕾と白い花は、冬を通して美しく、春先まで楽しめる。

お手入れ・メンテナンス
病害虫は特にないが、乾燥しすぎないように注意する。

ビルベリー

ツツジ科／半常緑低木

［分布］
北ヨーロッパ原産

［花・実のなる時期］
【花】4月〜5月
【実】6月〜8月

［日照］
半日陰〜日向で育てる

特性・植栽のポイント
ブルーベリーより背丈が低く、小さい葉や実が庭の雰囲気を愛らしくしてくれる。1本で結実する果実や紅葉も楽しめる。日照と酸性土壌を好む。

お手入れ・メンテナンス
株元から枝が出やすいので、適宜間引いて風通しをよくする。実がなる夏場は水をしっかり与える。

アロニアクックベリー

バラ科／落葉低木

［分布］
北アメリカ原産

［花・実のなる時期］
【花】4月〜5月
【実】10月〜11月

［日照］
半日陰〜日向で育てる

特性・植栽のポイント
寒さ・暑さともに強く、生育する場所を選ばない。春の花、秋の紅葉に果実と、楽しみの多い品種。ジャムもつくれる。

お手入れ・メンテナンス
果実を収穫することを目的とする場合は、夏場の乾燥に注意する。

オクタマコアジサイ

ユキノシタ科／落葉低木

［分布］
本州（多摩・秩父）

［花・実のなる時期］
【花】5月～6月
【実】－

［日照］
半日陰で育てる

特性・植栽のポイント
装飾花（ガク）がなく、淡い青色か桃色の手毬状の花が特徴。背丈は小さい。中庭や建物の陰などで湿り気のある場所が最適。

お手入れ・メンテナンス
秋には花芽ができるので、花後すぐに伸びすぎた枝を剪定する。

オトコヨウゾメ

スイカズラ科／落葉低木

［分布］
本州・四国・九州

［花・実のなる時期］
【花】5月～6月
【実】9月～10月

［日照］
半日陰～日向で育てる

特性・植栽のポイント
新緑～花～実～紅葉と1年を通して楽しめる。成長が遅く、線の細い樹形になるので、中高木に絡めて使うと扱いやすい。

お手入れ・メンテナンス
夏の乾燥に注意して水やりを行う。極端な剪定はせず、透かす程度にとどめる。

コバノズイナ

ユキノシタ科／落葉低木

［分布］
北アメリカ原産

［花・実のなる時期］
【花】5月～6月
【実】－

［日照］
半日陰～日向で育てる

特性・植栽のポイント
日向で使うと初夏に白い小花が房状に咲き、紅葉木といわれるほど美しい紅葉になるなど、四季の移り変わりを感じさせてくれる美しい樹木。耐寒性・耐暑性ともにあり、非常に強健で育てやすい。群植させても見応えがあるが、高木・中木の足元に添えて使ってもよく合う。

お手入れ・メンテナンス
自然放任でもある程度まとまるが、樹勢が強いので、ひこばえ、徒長枝、絡み枝を元から剪定してさっぱりさせる。病害虫は少ない。水やりは根付いた後は基本的に必要ないが、夏場で乾燥が強い場合はたっぷり与える。

シジミバナ

バラ科／落葉低木

［分布］
中国原産

［花・実のなる時期］
【花】3月～5月
【実】－

［日照］
半日陰～日向で育てる

特性・植栽のポイント
春にしじみの形の小さい白花が満開になる。暗い色の壁に白花が映える。繊細な枝ぶりは風に美しくなびく。日向に適する。

お手入れ・メンテナンス
大きくなりすぎたら株元から間引く。夏に花芽が出るため、夏以降の剪定は避ける。

シモツケ・ゴールドフレーム

バラ科／落葉低木

［分布］
本州・四国・九州
朝鮮半島、中国

［花・実のなる時期］
【花】6月～8月
【実】－

［日照］
半日陰～日向で育てる

特性・植栽のポイント
初夏に小さな花を枝先に多く付ける。花のない時期でも、春から秋まで葉色の変化を楽しめる。洋庭のアクセントとして用いる。

お手入れ・メンテナンス
大きくなりすぎないように古株を間引き、樹形を整える。

シロヤマブキ

バラ科／落葉低木

［分布］
本州（岡山県・広島県）
朝鮮半島
中国（中部）

［花・実のなる時期］
【花】4月～5月
【実】9月～10月

［日照］
半日陰～日向で育てる

特性・植栽のポイント
半日陰の場所で使うと美しい枝ぶりになる。花が白色で全体がヤマブキに似ているが、別属である。落葉後に黒い実がよく目立つ。

お手入れ・メンテナンス
徒長枝、ひこばえは付け根で間引き、樹形を維持する。

ナツハゼ

ツツジ科／落葉低木

［分布］
北海道・本州
四国・九州
朝鮮半島（南部）
中国

［花・実のなる時期］
【花】5月～6月
【実】8月～10月

［日照］
半日陰～日向で育てる

特性・植栽のポイント
紅葉がきれいで、半日陰で美しく育つ。甘酸っぱい実は日本のブルーベリーともいわれる。暴れた枝ぶりが雑木とよく合う。

お手入れ・メンテナンス
根をあまり乾燥させないようにする。特に植え付け時は水をたっぷりと与える。

バイカウツギ・ベルエトワール

ユキノシタ科／落葉低木

［分布］
本州・四国・九州

［花・実のなる時期］
【花】6月
【実】－

［日照］
半日陰～日向で育てる

特性・植栽のポイント
ウメに似た白花は花付きがよく、中心が紅色に色づく。花に強い芳香があり、その香りが夏の訪れを告げる。

お手入れ・メンテナンス
剪定は花後に行う。古枝を根際で間引いて自然な樹形を保つ。目立った病害虫はない。

ハナイカダ

ミズキ科／落葉低木

［分布］
北海道（南部）
本州・四国・九州

［花・実のなる時期］
【花】5月〜6月
【実】8月

［日照］
半日陰〜日陰で育てる

特性・植栽のポイント
雌雄異株（雄木、雌木）で、春には葉の中央に小さな花を付け、雌木は夏になると同じ場所に黒い実を付けるおもしろい植物。日陰、湿気を好む。

お手入れ・メンテナンス
自然樹形が美しいので、からみ枝を剪定する（枝の途中ではなく枝分かれ位置で切る）。

ハナズオウ

マメ科／落葉低木

［分布］
中国原産

［花・実のなる時期］
【花】4月
【実】−

［日照］
半日陰〜日向で育てる

特性・植栽のポイント
枝いっぱいにピンクの花を付けるので、庭のアクセントになる。葉もハート形で可愛らしく、豆果が付く。

お手入れ・メンテナンス
マメ科なので、生育が悪くなるのを防ぐため、窒素分の少ない肥料を与える。

ビバーナム・ステリーレ

スイカズラ科／落葉低木

［分布］
北アメリカ原産

［花・実のなる時期］
【花】4月〜5月
10月〜11月
【実】−

［日照］
半日陰〜日向で育てる

特性・植栽のポイント
インパクトのある15㎝ほどの手毬状の花が春と秋に2回咲く。花色がライムグリーンから白へと変化するのもおもしろい。

お手入れ・メンテナンス
剪定は花後すぐが適期で、古い枝を更新する。低木だが、カミキリムシの被害に注意が必要。

フォッサギラ・モンテコーラ

マンサク科／落葉低木

［分布］
北アメリカ原産

［花・実のなる時期］
【花】4月〜5月
【実】−

［日照］
半日陰〜日向で育てる

特性・植栽のポイント
白いブラシのような花が特徴。花と葉を同時に展開し、花付きがよいので、開花時はとても見事で、秋の紅葉も美しい。

お手入れ・メンテナンス
乾燥を嫌うので、水やりはたっぷりと行う。成長が遅く、樹形は自然にまとまる。

ブルーベリー

ツツジ科／落葉低木

［分布］
北アメリカ（東北部）
原産

［花・実のなる時期］
【花】4月〜5月
【実】7月〜8月

［日照］
半日陰〜日向で育てる

特性・植栽のポイント
花や紅葉、青紫の実が特徴。同じ系統の中から違う品種を2本以上近くに植えると、よく実がなる。酸性土壌を好むので、ピートモスを混ぜて植える。

お手入れ・メンテナンス
暑さと乾燥に弱いので、夏場の水切れに注意。混み合った枝を抜いて風を通す。

ミツマタ

ジンチョウゲ科／落葉低木

［分布］
中国原産

［花・実のなる時期］
【花】3月〜4月
【実】－

［日照］
半日陰〜日向で育てる

特性・植栽のポイント

葉が生える前に、黄色やオレンジ色の花を枝先に付けた姿がおもしろく、ほのかに香る。枝がすべて三又に分かれる特徴がある。半日陰の場所に植えると、成長が抑制されて育てやすい。樹皮の繊維が紙幣の原料になっているため、原産地の中国では縁起木とされている。

お手入れ・メンテナンス

水のやりすぎによる根腐れに注意する。手入れの必要はほとんどなく、自然に樹形は整えられる。大きくなりすぎたら枝分かれしているところで枝を抜けば、丈を低く抑えられる。特に注意する病害虫はない。

ミツバハマゴウ・プルプレア

クマツヅラ科／落葉低木

［分布］
本州・四国・九州
アジア（東南部）
南太平洋
オーストラリア

［花・実のなる時期］
【花】7月〜9月
【実】－

［日照］
半日陰〜日向で育てる

特性・植栽のポイント

淡い紫色の葉裏と柔らかい樹形が美しい低木。短命で次々に花が咲いては散っていく。元来は海岸植物で、潮風に強い。

お手入れ・メンテナンス

不要な枝を間引く程度で、ほとんど手がかからない。

ライラック

モクセイ科／落葉低木

［分布］
ヨーロッパ（東南部）
原産

［花・実のなる時期］
【花】4月〜5月
【実】－

［日照］
半日陰で育てる

特性・植栽のポイント

冷涼な乾燥地を好む。春に満開になる紫色の花は香水のように香りが強く、この香りで春の訪れを感じる人も多い。

お手入れ・メンテナンス

乾燥を好むのであまり水やりをしなくてよい。花の咲き終わった直後が剪定の適期。

Category. 4

サクラ・ツツジ

日本において美しい花が咲く木の代表2種です。また、新緑～開花～紅葉～落葉と季節の趣を感じられることも、愛される理由といえるでしょう。維持管理のために頻繁に刈り込まれたり、強く剪定されて樹形の乱れた街路樹を目にすることが多いが、自然樹形を意識した透かし剪定によって、本来の美しさを発揮します。建築の壁に彩り豊かな花が映えるように植えるのがポイントです。

シダレザクラ

バラ科／落葉高木

［分布］
北海道（南部）
本州・四国・九州

［花・実のなる時期］
【花】3月～4月
【実】－

［日照］
日向で育てる

特性・植栽のポイント

シダレザクラは白花だが、ピンク花の紅シダレや八重紅シダレもある。1本でも絵になる存在だが、片流れの樹形なら他の樹木と組み合わせて植栽できる。背景の壁が濃い色だと花がより美しく映える。ソメイヨシノよりもやや早く咲き始める。枝が糸のように垂れ下がる姿から、イトザクラとも呼ばれる。

お手入れ・メンテナンス

風通しをよくするために不要な枝は取り除き、枝葉の量も調整するとよい。その際、下向きに出た枝は取り除き、上向きの枝を残して大きく優美な樹形に育てたい。親指ほどの枝を切ったら、癒合剤を塗って菌の侵入を防ぐ。

オオサカフユザクラ

バラ科／落葉高木

［分布］
園芸品種

［花・実のなる時期］
【花】10月〜翌年2月
【実】−

［日照］
日向で育てる

特性・植栽のポイント
名前の由来は不明だが、子福ザクラに近い品種。秋と春の2回、小さな花を咲かせる白花の早咲きである。

お手入れ・メンテナンス
自然に大きく育て、乱れた枝を剪定する。

ジュウガツザクラ

バラ科／落葉中木

［分布］
園芸品種

［花・実のなる時期］
【花】10月〜12月、
翌年4月
【実】−

［日照］
日向で育てる

特性・植栽のポイント
1年のうち秋と春の2回咲く桜。秋の10月〜12月にかけて、順番に咲いていく姿は冬の情緒に溢れている。

お手入れ・メンテナンス
重なり枝や枯れ枝を剪定することで、光や風の通りをよくする。

ヤマザクラ

バラ科／落葉高木

［分布］
本州・四国・九州

［花・実のなる時期］
【花】4月〜5月
【実】−

［日照］
日向で育てる

特性・植栽のポイント
昔から日本人が親しんできた、春の訪れを告げる代表的なサクラ。花と葉が同時に出る。サクラの中でも幹肌が美しい種類で、その表情を生かして建築材や、樺細工と呼ばれる工芸品にも使われる。野生のサクラで、雑木の庭によく合う。奈良の吉野山、京都の嵐山が名所として有名。

お手入れ・メンテナンス
木を健康に育てることが病害虫防除の基本になる。透かし剪定で樹形を整え、光と風の通りをよくすることが重要。害虫については早期に対処すれば被害を抑えられるため、日頃から幹や葉をよく観察する。

PJメージェント

ツツジ科／常緑低木

［分布］
日本原産

［花・実のなる時期］
【花】4月
【実】－

［日照］
半日陰～日向で育てる

特性・植栽のポイント
エゾムラサキツツジに似た、小さめの品種。葉が深紫色で、全体的に落ち着いた雰囲気をもっている。

お手入れ・メンテナンス
丈夫で寒さにも強いので育てやすい。西日の当たらない水はけのよい場所が最適。

クルメツツジ（コチョウノマイ）

ツツジ科／常緑低木

［分布］
日本原産

［花・実のなる時期］
【花】4月～5月
【実】－

［日照］
日向で育てる

特性・植栽のポイント
紫がかったピンクの小花で、蝶が舞うような美しさがある。排水性のよい土壌で浅く植えるのが基本。

お手入れ・メンテナンス
耐寒性がある。根は過湿な環境には弱いので注意する。

ケラマツツジ

ツツジ科／常緑低木

［分布］
九州（奄美群島）
沖縄

［花・実のなる時期］
【花】3月～6月
【実】－

［日照］
半日陰～日向で育てる

特性・植栽のポイント
新緑の頃に咲く濃紅色で大きな花が特徴で、樹高は1～3m程度。酸性土壌を好む。ヒラドツツジの親種でもある。

お手入れ・メンテナンス
剪定は花後すぐ。耐陰性はあるが、なるべく日光に当てる。極端に乾燥しないように水を与える。

ヒラドツツジ

ツツジ科／常緑低木

［分布］
九州（長崎県平戸）

［花・実のなる時期］
【花】4月～5月
【実】－

［日照］
半日陰～日向で育てる

特性・植栽のポイント
暖かい地域向きだが、比較的寒さにも強い。いろいろな場所で使える、扱いやすいツツジである。

お手入れ・メンテナンス
刈り込みで密にするのではなく、枝抜きをして自然樹形にする。

ホリノウチカンザキツツジ

ツツジ科／常緑低木

［分布］
日本原産

［花・実のなる時期］
【花】3月～4月
【実】－

［日照］
半日陰～日向で育てる

特性・植栽のポイント
早咲きの大輪花はビビッドな濃桃色のため、華やかでよく目立つ。比較的寒さに強く、扱いやすい。力強さを感じる美しい樹形も魅力的。

お手入れ・メンテナンス
密生した枝を間引いて自然樹形を維持することで風が通り、美しい樹形と健康を保てる。

ホンキリシマ

ツツジ科／常緑低木

［分布］
九州
（鹿児島県霧島山）

［花・実のなる時期］
【花】4月〜5月
【実】－

［日照］
半日陰で育てる

特性・植栽のポイント
燃えるような深紅の花が特徴。満開時には目に飛び込んでくるような印象で、ひと際目立つ。常緑性のツツジでは最も早咲き。

お手入れ・メンテナンス
根の過湿に弱いので、水のやりすぎに注意する。西日を避けて植える。

ホンシャクナゲ

ツツジ科／常緑低木

［分布］
本州（富山・長野・愛知県以西）・四国

［花・実のなる時期］
【花】5月
【実】－

［日照］
半日陰〜日向で育てる

特性・植栽のポイント
日本のツツジ属の中で最も豪華な花を付ける。西日や北風を避けた、湿潤な中庭や高木の際が最適。ローム質で酸性の土壌が最も根が張りやすい。

お手入れ・メンテナンス
花後に花柄を摘み取る。剪定はあまり必要としない。乾燥を嫌うため、夏はしっかりと水を与える。

ドウダンツツジ

ツツジ科／落葉中木

［分布］
本州（静岡県・愛知県・岐阜県・紀伊半島）
四国（高知県・徳島県）・九州（鹿児島県）

［花・実のなる時期］
【花】4月〜5月
【実】－

［日照］
半日陰〜日向で育てる

特性・植栽のポイント
つぼ状の小さな白い花をたくさん垂らす。紅葉もたいへん鮮やかだが、西日など日差しが強すぎると、きれいに紅葉しない。

お手入れ・メンテナンス
夏場の乾燥しすぎに注意する。剪定は枝を付け根から間引く程度で抑える。

アブラツツジ

ツツジ科／落葉低木

［分布］
本州（中部地方以東）

［花・実のなる時期］
【花】5月〜6月
【実】－

［日照］
半日陰〜日向で育てる

特性・植栽のポイント
半日陰に適する。葉の裏面に油を塗ったような光沢があり、紅葉が見事。花は垂れ下がったつぼ形をしており、色は淡緑色である。

お手入れ・メンテナンス
乾いたら水をたっぷり与える。剪定は、枝を付け根から間引く程度で抑える。

ゲンカイツツジ

ツツジ科／落葉低木

［分布］
本州（岡山県以西）
四国（北部）
九州（北部・対馬）
朝鮮半島

［花・実のなる時期］
【花】4月〜5月
【実】－

［日照］
日向で育てる

特性・植栽のポイント
シャクナゲの仲間で、丸みを帯びたピンク系の花を早春に咲かせる。春を告げる花の1つ。単植より群植がおすすめ。

お手入れ・メンテナンス
日当たりを好み、乾燥地に耐えるが、適度な水やりは必要。

エクスバリーアザレア

ツツジ科／落葉低木

［分布］
イギリス原産

［花・実のなる時期］
【花】 4月〜5月
【実】 −

［日照］
半日陰で育てる

特性・植栽のポイント

西洋ツツジともいわれ、洋風のイメージによく合う。花色は白、ピンク、赤、黄色、オレンジなど多彩。黄花はツツジ類ではあまり見られない色で、満開になると見事。高温多湿を嫌うので、排水のよい半日陰の場所に、西日を避けて植える。

お手入れ・メンテナンス

根は高温多湿を嫌うが、乾燥にも注意が必要。刈り込みは行わずに徒長枝を抜く程度にとどめ、自然樹形を保つ。花が咲いた後、早めに花柄を摘み取ることで来春の花付きがよくなる。害虫はダニやグンバイムシの発生に注意する。

ゴヨウツツジ

ツツジ科／落葉低木

［分布］
本州（岩手県以南の太平洋側）・四国

［花・実のなる時期］
【花】 5月〜6月
【実】 −

［日照］
半日陰〜日向で育てる

特性・植栽のポイント

低木として扱うが、大きなものでは樹高5 〜 6mにもなる。古くなるとマツのような粗い幹肌になり、清楚な白い花が引き立つ。

お手入れ・メンテナンス

直射日光を避けて、できるだけ涼しい環境で育てる。

バイカツツジ

ツツジ科／落葉低木

［分布］
北海道（南部）
本州・四国・九州

［花・実のなる時期］
【花】 6月〜7月
【実】 −

［日照］
半日陰〜日向で育てる

特性・植栽のポイント

枝先が細く繊細な樹形をしている。花は目立たないが、他のツツジとは違い、ウメの花に似た珍しい花姿をしている。

お手入れ・メンテナンス

ほとんど手はかからないが、夏場の乾燥には注意が必要。

ハヤトミツバツツジ

ツツジ科／落葉低木

［分布］
九州（鹿児島県）

［花・実のなる時期］
【花】 3月
【実】 －

［日照］
半日陰～日向で育てる

特性・植栽のポイント
最も早く花を咲かせるツツジ。花の少ない季節にビビッドな紅紫色の花はよく目立つ。葉は厚く表面に光沢があり、緑がきれい。

お手入れ・メンテナンス
耐寒性・耐暑性があり、日照にも比較的強いので育てやすい。

ハルイチバンツツジ

ツツジ科／半落葉低木

［分布］
日本原産

［花・実のなる時期］
【花】 3月～4月
【実】 －

［日照］
半日陰～日向で育てる

特性・植栽のポイント
ゲンカイツツジより早咲きで暑さにも強く、育てやすい品種。早春に咲くピンクの花が鮮やかで目を奪われる。

お手入れ・メンテナンス
植え付け後と夏場は、根元の乾燥に注意。枝が密生したら間引いて風を通す。

ヤマツツジ

ツツジ科／半落葉低木

［分布］
北海道（南部）
本州・四国・九州

［花・実のなる時期］
【花】 4月～6月
【実】 －

［日照］
半日陰で育てる

特性・植栽のポイント
古くから日本人に親しまれている野生のツツジで、繊細な枝葉が高木の太い幹とのコントラストを引き立てる。大きいものだと樹高3 ～ 4mにもなり、場面によってはメインの花木としても使える。朱色の花は和洋いずれの雰囲気にも合う。晩春から初夏にかけて各地の山を彩る。

お手入れ・メンテナンス
日向または半日陰の水はけのよい場所ではほとんど手がかからない。枝先に付く夏秋葉は春葉より小さく冬を越す。定期的に混み合った枝を切り取り、幹のラインを見せれば自然樹形を楽しめる。

花・下草（グランドカバー）

敷地全体をランドスケープとして見せる、庭と建築の足元を彩る土台です。年中緑豊かな多年草をベースとして用い、華やかな一年草や園芸品種をアクセントとして入れ、苔によって熟成感を演出します。単調な配置にならないように背の高いものと低いものを組み合わせ、それぞれの花や葉の表情が見て取れるように配慮します。暮らす人が自ら好きな花を植えたくなるような楽しい庭を目指しましょう。

アガパンサス

ユリ科／常緑多年草

［分布］
南アフリカ

［花・実のなる時期］
【花】6月～8月
【実】－

［日照］
半日陰～日向で育てる

特性・植栽のポイント

厳しい暑さの中でも、長く伸ばした茎の先に清楚な花をたくさん咲かせる。性質は強健で、一度植え付けるとあまり手がかからない。日当たりを好むが、午前中いっぱい日が当たれば十分育ち、年々株が広がる。品種が多く、花色も白や紫、薄紫、薄ピンクなどがある。

お手入れ・メンテナンス

植え放しにしてもよく育つ。根が多肉質で水分を含むため、水やりの必要も特にない。数年して大きくなりすぎたら、花付きが悪くなるので株分けする。花が落ちた後は、花茎を切って種に栄養を取られないようにする。また、黄色い葉は取り除く。

アカンサス

キツネノマゴ科／常緑多年草

［分布］
熱帯アジア、アフリカ
中央アメリカ
ブラジルなど

［花・実のなる時期］
【花】 6月〜8月
【実】 −

［日照］
半日陰〜日向で育てる

特性・植栽のポイント
大型の宿根草。建築物の装飾のモチーフにされる大きな葉も、背丈ほどに立ち上がる雄大な花穂も、他の植物ではあまり見られず個性的。

お手入れ・メンテナンス
日照と適度な湿り気を好むため、土の表面が乾いたら水をやる。花後に花茎を株元から切り落とす。

アジュガ・チョコレートチップ

シソ科／常緑多年草

［分布］
ヨーロッパ原産

［花・実のなる時期］
【花】 4月〜6月
【実】 −

［日照］
半日陰〜日向で育てる

特性・植栽のポイント
耐陰性が強く、日陰から日向まで場所を選ばず使える。ブロンズ色の葉が美しい。這うように広がるため、ベースの下草として最適。

お手入れ・メンテナンス
株分けを行い風通しをよくする。花が終わったら花茎を根元で落とし、株を残す。

カンザキアヤメ

アヤメ科／常緑多年草

［分布］
地中海沿岸地域原産

［花・実のなる時期］
【花】 1月〜3月
【実】 −

［日照］
日向で育てる

特性・植栽のポイント
花の少ない冬に青紫色の鮮やかな花を咲かせるアヤメ。葉の陰に隠れるように花が咲く。群生すると見応えがある。

お手入れ・メンテナンス
乾燥気味で育つので、水やりは控えめに。花が見えにくい場合は葉を間引く。

クリスマスローズ・オリエンタリス

キンポウゲ科／常緑多年草

［分布］
ヨーロッパ
西アジア原産

［花・実のなる時期］
【花】 2月〜4月
【実】 −

［日照］
半日陰で育てる

特性・植栽のポイント
花の少ない冬場では貴重な存在。派手さはないが、清楚な花はいろいろなシーンによく馴染む。八重咲きの品種もある。

お手入れ・メンテナンス
傷んだ花や葉を切り取る。12月頃から古葉を落とし、日当たりをよくする。

タニカ

ラクスマニア科／常緑多年草

［分布］
オーストラリア原産

［花・実のなる時期］
【花】 5月
【実】 −

［日照］
半日陰〜日向で育てる

特性・植栽のポイント
乾燥に強く自然の降雨でも育成する。草丈は60cmほどで一定に保たれる。足元の目隠し、ロックガーデンや乾燥地など、使い方を選ばない。

お手入れ・メンテナンス
古葉を切り戻して整理する程度で、ほとんど手がかからない。

タイム・ロンギカウリス

シソ科／常緑多年草

［分布］
地中海沿岸～東アジア

［花・実のなる時期］
【花】 4月～5月
【実】 –

［日照］
半日陰～日向で育てる

特性・植栽のポイント

水やりをしたときや葉を踏んだときに、優しい香りが漂うほふく性のハーブ。玄関廻りなど、人と風が通る場所に植えれば、香りとともに一斉に咲く花を訪問客にも楽しんでもらえる。繁殖力が強く、絨毯のように緑が広がる。寒さや乾燥に強く、育てやすい。

お手入れ・メンテナンス

株が茂って風通しが悪くなると、蒸れて葉が枯れてしまうことがある。茂りすぎないよう、定期的に刈り取る。一旦根付いたら水やりはほとんど必要なく、梅雨前と冬に刈り込むほどなので手間がかからない。

トキワイカリソウ

メギ科／常緑多年草

［分布］
本州（中部地方以西）

［花・実のなる時期］
【花】 4月～5月
【実】 –

［日照］
半日陰で育てる

特性・植栽のポイント

船のイカリに似た花が特徴。寒くなると葉が紅葉する。直射日光を避けた、半日陰の場所が最適。

お手入れ・メンテナンス

乾燥に弱いので水を切らさないようにする。傷んだ葉は適宜切り取る。

トキワシオン・藤娘

キク科／常緑多年草

［分布］
中国原産

［花・実のなる時期］
【花】 4月～5月
【実】 –

［日照］
半日陰～日向で育てる

特性・植栽のポイント

枝ぶりは旺盛で、グランドカバーのように広がる。つる状に伸びていくので、庭では少し高低差のある広い場所が最適。

お手入れ・メンテナンス

混み合えば間引き、伸びすぎた枝は剪定する。あまり乾燥させないように注意。

ティアレラ

ユキノシタ科／常緑多年草

［分布］
北アメリカ原産

［花・実のなる時期］
【花】4月〜6月
【実】－

［日照］
半日陰で育てる

特性・植栽のポイント

半日陰が最適。日照が少なくても、花茎を立ち上げて薄ピンク色の花を咲かせる。常緑でモミジのように切れ込みの深い葉は、観賞価値が高く、日本の高温多湿にも耐える、丈夫で優れた性質をもっている。洋風の庭によく合う。

お手入れ・メンテナンス

丈夫な植物なので植え放しにできる。花が落ちた後の花茎や枯葉を取り除く程度でよい。冬の寒さにも強く、病害虫の心配も特にない。ただし、夏場の乾燥には注意が必要で、水やりを適度に行う。

トキワナルコユリ

ユリ科／常緑多年草

［分布］
中国原産

［花・実のなる時期］
【花】4月〜6月
【実】－

［日照］
半日陰〜日陰で育てる

特性・植栽のポイント

日向は避けて植える。耐陰性があり、陽がほとんど当たらない中庭などで生育できる数少ない植物である。すらりと背が高い品種なので、植栽スペースの奥に植えても存在感がある。白い花が並んでぶら下がる。普通のナルコユリより葉が肉厚。常緑なので、冬でも豊かな緑を感じられる。

お手入れ・メンテナンス

特に手間もかからず、毎年増えていくが、株が増えてきて混み合ったり、葉色が悪くなった場合は、間引いて風通しをよくすることで、茎が美しく立ち上がる姿を見せられる。冬は霜が当たると葉が傷むので注意する。

トキワホウチャクソウ

ユリ科／常緑多年草

［分布］
中国原産

［花・実のなる時期］
【花】4月〜5月
【実】－

［日照］
半日陰で育てる

特性・植栽のポイント
半日蔭でよく育つ丈夫な植物。茎の長さが1mくらいになることもあるが、柔らかな立ち姿が魅力。冬は葉が紅葉する

お手入れ・メンテナンス
伸びすぎて倒れたものを間引き、乾いたら水をたっぷりと与える。

ベニシダ

オシダ科／常緑多年草

［分布］
本州・四国
九州・沖縄

［花・実のなる時期］
【花】－
【実】－

［日照］
半日陰〜日向で育てる

特性・植栽のポイント
若葉が紅紫色で、徐々に緑色に変化する。石や樹木の幹元で使うと互いの美しさが引き立ち、日本の山らしい雰囲気がよく出る。

お手入れ・メンテナンス
病害虫の心配がなく、肥料も必要ない。枯れた葉を切り取ると新葉が生えやすい。

ヤブラン・ギガンティア

ユリ科／常緑多年草

［分布］
－

［花・実のなる時期］
【花】8月〜9月
【実】－

［日照］
半日陰〜日向で育てる

特性・植栽のポイント
常緑性で葉が細長く、草丈の高い品種。緑量が多いので、足元で直接見せたくない物の目隠しとしても使う。また、日向、半日陰、乾燥地と場所を選ばずに植栽できるのも魅力。耐寒性が強く、丈夫で育てやすい。花はあまり目立たないが、株元から花茎が立ち上がり、穂状の花を咲かせる。

お手入れ・メンテナンス
手入れの手間がかからないグランドカバー。乾燥に強く、水やりもほとんど必要ない。新芽が出る頃に見栄えの悪い葉や古葉を切り戻して整理する。株が大きくなりすぎたら株分けを行う。

ベロニカ・ジョージアブルー

ゴマノハグサ科／常緑多年草

［分布］
ヨーロッパ原産

［花・実のなる時期］
【花】３月～５月
【実】－

［日照］
半日陰～日向で育てる

特性・植栽のポイント
気温によって変化する葉色とブルーの花のコントラストがきれい。暑さ・寒さともに強く、生育場所を選ばない。

お手入れ・メンテナンス
ほふくする茎葉は蒸れに弱いので、混み合ったら間引いて風の通りをよくする。

コトネアスター・オータムファイヤー

バラ科／常緑低木

［分布］
中国西南部～ヒマラヤ原産

［花・実のなる時期］
【花】5月～6月
【実】10月～翌年1月

［日照］
日向で育てる

特性・植栽のポイント
地を這うように広がる特性を生かして、塀の上から垂らしたり、ロックガーデンで使う。晩秋に赤く色づく実や紅葉が特に美しい。

お手入れ・メンテナンス
寒さや暑さ、乾燥に強く強靭。伸びすぎた枝は、又で切り詰めて自然な樹形をつくる。

イワシャジン

キキョウ科／多年草

［分布］
本州（関東・中部地方）

［花・実のなる時期］
【花】9月～10月
【実】－

［日照］
半日陰で育てる

特性・植栽のポイント
日当たりは朝日が当たる程度で、夏には日陰になるような場所に植える。紫色の釣鐘状の花が垂れ下がるように咲く。

お手入れ・メンテナンス
水やりは葉上から行い、毎日たっぷりと与える（冬場は乾燥しない程度でよい）。

エキナセア

キク科／多年草

［分布］
北アメリカ東部原産

［花・実のなる時期］
【花】６月～10月
【実】－

［日照］
日向で育てる

特性・植栽のポイント
くっきりとした花は1株でも存在感があり、アクセントに最適。洋風の雰囲気も出る。また、花期も長く、色・形も豊富で楽しめる。多湿を嫌う。

お手入れ・メンテナンス
日照を好み、非常に強健。乾燥するとき以外、水やりはあまり必要なく、施肥も最小限にとどめる。

オシダ

オシダ科／多年草

［分布］
北海道・本州・四国

［花・実のなる時期］
【花】－
【実】－

［日照］
半日陰で育てる

特性・植栽のポイント
やや大型のシダ植物で、植栽スペースの少し奥に植えると効果的。冬場は葉がない状態で越冬する。種子ではなく胞子で繁殖する。

お手入れ・メンテナンス
古くなって垂れた葉を取り除く。適湿な場所を好むので乾燥に注意。

カリオプテリス・スターリングシルバー

クマツヅラ科／多年草

［分布］
ヨーロッパ、アジア

［花・実のなる時期］
【花】5月～10月
【実】－

［日照］
日向で育てる

特性・植栽のポイント
夏に銀葉の上に爽やかな青い花を咲かせる。洋風の庭によく合う。冬は地上部が枯れ、春に芽を出す。水はけのよい日向に植える。

お手入れ・メンテナンス
土を乾燥させないように水やりをする。冬は枝葉が枯れるので、株元まで切り戻す。

グラジオラス・トリスティス・コンコロール

アヤメ科／多年草

［分布］
南アフリカ原産

［花・実のなる時期］
【花】3月～5月
【実】－

［日照］
日向で育てる

特性・植栽のポイント
針金のように華奢な茎に、クリームがかった優美な花を付ける。群植すると開花期は見事。夜に香りを放つのも魅力的。弱アルカリ性の用土を好む。

お手入れ・メンテナンス
新芽にアブラムシやハダニが発生したら、薬剤で防除する。折れた茎はカットして整える。

クロコスミア・ジョージダビッドソン

アヤメ科／多年草

［分布］
南アフリカ原産

［花・実のなる時期］
【花】6月～8月
【実】－

［日照］
日向で育てる

特性・植栽のポイント
夏に鮮やかな黄色の花を咲かせる。丈夫な宿根草で繁殖力も旺盛なので、幅広い環境に適応する。

お手入れ・メンテナンス
水やりはほとんど必要ない。よく繁殖するので、適宜間引きや株分けを行う。

コレオプシス・ムーンビーム

キク科／多年草

［分布］
北アメリカ
（カリフォルニア）原産

［花・実のなる時期］
【花】5月～10月
【実】－

［日照］
日向で育てる

特性・植栽のポイント
ライトイエローの繊細な美しい花を初夏から秋にかけて咲かせる。耐寒性・耐暑性があり丈夫。

お手入れ・メンテナンス
表土が乾いたら、水をたっぷりと与える。花が落ちた後に茎を切り戻す。

サギソウ

ラン科／多年草

［分布］
本州・四国・九州
朝鮮半島、台湾

［花・実のなる時期］
【花】7月～9月
【実】－

［日照］
半日陰～日向で育てる

特性・植栽のポイント
日本固有のランで、湿地に生育する。白サギのような形をした花が特徴。冬は球根だけになって越冬する。

お手入れ・メンテナンス
庭で育てる場合は常に水を切らさないようにする。枯れた花や葉は取り除く。

コウライシバ

イネ科／多年草

［分布］
本州～九州
中国、東南アジア

［花・実のなる時期］
【花】 –
【実】 –

［日照］
風通しのよい日向で育てる

特性・植栽のポイント

高温多湿な日本の気候でも美しく密な芝生地をつくることができる。刈り込むことで葉幅が細く密になる。しっかりと日が入る風通しのよいスペースに、目立たない見切り材で柔らかいアールを描いて仕切りをつくり植え付ける。少し手間をかけるだけで、子供が安全に遊んだり寝転んだりできる、庭間に最適のグランドカバーである。

お手入れ・メンテナンス

芝刈りの目安は、5~9月の成長期は20㎜前後の刈り高で1カ月に4回程度。春・秋は1カ月に2回程度。施肥は根が出始める5月と休眠前の9月に適量を与え、消毒や殺虫も同時期に行うと効果的。状態によっては成長期に目砂を入れる。

シュウメイギク

キンポウゲ科／多年草

［分布］
中国原産

［花・実のなる時期］
【花】 9月～10月
【実】 –

［日照］
半日陰で育てる

特性・植栽のポイント

日陰の湿り気のある土壌が最適。一度根付くと乾燥にも耐える。日本の気候に合っているのでよく増える。茶花としても利用される。

お手入れ・メンテナンス

冬は枯れた地上部を地際から取り除く。肥料を与えすぎると傷むので注意。

シラン

ラン科／多年草

［分布］
本州（関東地方以西）
四国・九州・沖縄

［花・実のなる時期］
【花】 4月～5月
【実】 –

［日照］
半日陰～日向で育てる

特性・植栽のポイント

繁殖力が旺盛で株がどんどん増えていく。丈夫で育てやすい。冬に枯れるが、春には新芽を出す。

お手入れ・メンテナンス

冬は葉が枯れるので、気になる場合は適宜取り除く。肥料は特に必要ない。

セダム・スプリウム・トリカラー

ベンケイソウ科／多年草

［分布］
コーカサス地方原産

［花・実のなる時期］
【花】夏
【実】－

［日照］
日向で育てる

特性・植栽のポイント
高温多湿を避け、日当たりや水はけのよい斜面への植え付けが最適。多肉質な姿で季節により葉色が変わる。石や砂利と絡むように植える。

お手入れ・メンテナンス
多湿による蒸れを避けることが重要。伸びすぎた茎はカットし、真夏と冬の水やりは控える。

ヒメリュウキンカ

キンポウゲ科／多年草

［分布］
ヨーロッパ
（イギリス原産）

［花・実のなる時期］
【花】3月～5月
【実】－

［日照］
半日陰～日向で育てる

特性・植栽のポイント
山野の湿り気のある場所に自生するため、やや湿潤な環境の樹木の足元が最適。夏に休眠するため、その時期は地上部が枯れることを考慮して使う。

お手入れ・メンテナンス
乾燥が苦手で、生育期は特に水を好むので、土の表面が乾いたらたっぷりと水を与える。

ヘメロカリス・コーキー

ワスレグサ科／多年草

［分布］
園芸品種

［花・実のなる時期］
【花】6月～7月
【実】－

［日照］
日向で育てる

特性・植栽のポイント
淡い黄色の一日花を次々と咲かせ、初夏から夏の間の長い期間楽しめる。一重で小さく派手すぎない花姿は、自然な庭によく馴染む。丈夫で育てやすく耐寒性もある。日当たりのよい場所を好み、日照が不足すると花付きが悪くなる。

お手入れ・メンテナンス
咲き終わった花から花柄を摘み取り、樹勢が弱ってきたら施肥をする。開花の時期から夏の間は、土の表面が乾いたらたっぷりと水を与える。春になって暖かくなるとアブラムシが発生するおそれがあるので注意する。

プラティア・アングラータ

キキョウ科／多年草

［分布］
ニュージーランド原産

［花・実のなる時期］
【花】5月～9月
【実】－

［日照］
半日陰～日向で育てる

特性・植栽のポイント
純白の小花を、緑の絨毯に散りばめたように咲かせる。日向を好む。寒さ・暑さともに強く、繁殖力も抜群。

お手入れ・メンテナンス
伸びすぎたり病んできたら、刈り込めば、また芽が出てくる。

ムーレンベルギア・カピラリス・アルバ

イネ科／多年草

［分布］
北アメリカ原産

［花・実のなる時期］
【花】夏～秋
【実】－

［日照］
半日陰～日向で育てる

特性・植栽のポイント
乾燥に強く、成長すると高さが1mほどになる、非常に細く、しっかりとした葉のグラス。雲状の白い穂が印象的。

お手入れ・メンテナンス
伸びすぎたら地際で刈り込む。株分けをして増やすことができる。

イワヤツデ

ユキノシタ科／耐寒性多年草

［分布］
中国・朝鮮半島原産

［花・実のなる時期］
【花】3月～5月
【実】－

［日照］
半日陰で育てる

特性・植栽のポイント
半日陰の岩陰が理想的。落葉性で、根茎から新しい葉と花茎を出し、先に白い花が散状に咲く。花茎が強く伸びる姿も楽しめる。

お手入れ・メンテナンス
夏の間は、葉にもたっぷりと水やりをする。花が終わったら花茎を付け根から切る。

スティパ・テヌイシマ

イネ科／耐寒性多年草

［分布］
中央アメリカ原産

［花・実のなる時期］
【花】初夏～夏
【実】－

［日照］
半日陰～日向で育てる

特性・植栽のポイント
柔らかく繊細な細葉を茂らせるグラスの仲間。日当たりと水はけのよい場所に植える。成長が早く手間いらず。通称エンジェルヘアー。

お手入れ・メンテナンス
草姿が悪くなったら、根際辺りで刈り込む。乾燥を好むので水のやりすぎに注意。

ペニセタム・ウィーロサム

イネ科／耐寒性多年草

［分布］
アフリカ原産

［花・実のなる時期］
【花】3月～5月
【実】－

［日照］
半日陰～日向で育てる

特性・植栽のポイント
暑い夏に風にそよぐ姿が涼しげな景色をつくる。風の抜ける日向が最適。白色でウサギの尾のような穂がたくさん出てくる。

お手入れ・メンテナンス
冬に葉が枯れて見苦しいようなら刈り取る。刈り込むと、春に株から新芽が出る。

ヘスペランサ・コッキネア・マヨール

アヤメ科／耐寒性多年草

［分布］
南アフリカ

［花・実のなる時期］
【花】 晩夏～秋
【実】 –

［日照］
半日陰で育てる

特性・植栽のポイント
晩夏から秋にかけて咲く魅惑的なアヤメ科の宿根草。午後に日陰になるような樹木の下に植えるとよい。

お手入れ・メンテナンス
乾燥を嫌うので、休眠する冬以外は土面が乾いたら水やりを行う（夏は特に十分に）。

シラー・シビリカ

ユリ科／秋植え球根

［分布］
ロシア原産

［花・実のなる時期］
【花】 3月～4月
【実】 –

［日照］
半日陰で育てる

特性・植栽のポイント
ブルーで控えめのきれいな花を咲かせる。寒さに強く、丈夫で育てやすい品種である。群生させると開花期が見事。

お手入れ・メンテナンス
特に手入れは必要ない。肥料はあまり必要としない。水は土面が乾いてから与える。

ハナニラ

ユリ科／秋植え球根

［分布］
南アメリカ原産

［花・実のなる時期］
【花】 3月～5月
【実】 –

［日照］
半日陰～日向で育てる

特性・植栽のポイント
春に星形の花が立ち上がって咲く。葉をちぎると、その名のとおりニラのような香りがする。年を重ねるごとに球根が増える。

お手入れ・メンテナンス
植え放しでも花をよく咲かせ、手間いらず。7～9月は休眠期なので水やりは不要。

スナゴケ

ギボウシゴケ科／コケ植物

［分布］
北半球

［花・実のなる時期］
【花】 –
【実】 –

［日照］
半日陰で育てる

特性・植栽のポイント
日当たりと水はけのよい場所を好む。石との相性もよく、落ち着いた雰囲気が出る。耐寒性・耐暑性があり丈夫。

お手入れ・メンテナンス
蒸れに注意して、乾燥気味に育てる。水やりは日中を避け、表面に撒く程度でよい。

ハイゴケ

ハイゴケ科／コケ植物

［分布］
日本
東アジア～東南アジア

［花・実のなる時期］
【花】 –
【実】 –

［日照］
半日陰で育てる

特性・植栽のポイント
空中湿度が高い半日陰を好む。中庭に熟成感を出すのに効果的。日当たりでは水やりの管理が難しく、蒸れに注意が必要。

お手入れ・メンテナンス
落ち葉が表面に積もると枯れてしまうので、コケが剥がれないように柔らかいほうきで取り除く。

山野草

日本の潤い豊かな気候風土を象徴するような草花です。園芸植物や観葉植物にはない、自然の山や川の風情を感じさせてくれます。多様な品種があり、上手に組み合わせることで山の賑わいを演出できます。爽やかな雰囲気の葉の表情は、涼しい風を誘っているようです。また、小さな花が可愛げに咲く様子は、山の恵みを感じさせてくれます。現在では貴重な品種も数多くあります。

フクジュソウ

キンポウゲ科／多年草

［分布］
北海道・本州・四国
九州（西日本には少ない）

［花・実のなる時期］
【花】3月〜4月
【実】5月下旬頃

［日照］
半日陰で育てる（開花期前後は日照が必要）

特性・植栽のポイント

他の植物より生育が早く、春先に黄金色の花を付け、周りの植物の葉が茂る5月下旬頃には実を付けて休眠する特性がある。このため、開花期前後は比較的日当たりがよく、葉が枯れた後の休眠期は半日陰となるような環境が適する。たとえば、夏〜秋に木陰のできる落葉樹の根元などに植栽するとよい。

お手入れ・メンテナンス

山地に生える植物なので、夏場の高温に注意する。たとえば夏場は日除けをつくるなど、高温を避ける工夫・配慮が必要。

アワモリショウマ

ユキノシタ科／多年草

［分布］
本州（中部以西）
四国・九州

［花・実のなる時期］
【花】5月〜6月
【実】−

［日照］
半日陰で育てる

特性・植栽のポイント
本来は谷筋斜面の岩場に生える植物であるため、風がやや通る水はけのよい土壌に植栽する。半日陰で育てるが、多少明るくても大丈夫。

お手入れ・メンテナンス
それほど難しい種ではないが、水やりは十分に行う。水切れを起こすと葉が傷むことがある。

オカトラノオ

サクラソウ科／多年草

［分布］
北海道・本州
四国・九州

［花・実のなる時期］
【花】6月〜8月
【実】−

［日照］
明るい日陰で湿り気のある環境で育てる

特性・植栽のポイント
直射日光の当たる場所は避ける。根張りが強く繁殖力が旺盛なので、他種との競合が考えられる場所には植栽しない。

お手入れ・メンテナンス
湿り気のある土を好むので、表土が乾いたら十分に水やりを行う。

カタクリ

ユリ科／多年草

［分布］
北海道・本州
四国・九州

［花・実のなる時期］
【花】4月〜5月
【実】−

［日照］
冬〜春は日向に、夏〜秋は日陰になる環境

特性・植栽のポイント
寒さには強いが、暑さに弱い。夏〜秋に日陰になる落葉樹林下や、夏場に温度変化が少なく、風通しのよい北側の場所に植栽するとよい。

お手入れ・メンテナンス
過湿には注意。冬から開花時期までは液体肥料を与え、開花後に一度、固形肥料を置き肥する。

コバギボウシ

ユリ科／多年草

［分布］
北海道・本州
四国・九州

［花・実のなる時期］
【花】7月〜8月
【実】−

［日照］
半日陰〜日陰で育てる

特性・植栽のポイント
湿り気のある半日陰〜日陰地を好むので、樹木の下や石組みの間に植栽する。環境さえ整えば丈夫な種であるので、水やりが十分ならば増える。

お手入れ・メンテナンス
水やりを十分に行う。株が大きくなった場合は、3月か9月頃に掘り上げて株分けしてやるとよい。

サクラタデ

タデ科／多年草

［分布］
本州・四国
九州・沖縄

［花・実のなる時期］
【花】8月〜10月
【実】9月〜11月

［日照］
日向で育てる

特性・植栽のポイント
湿地に生える植物なので、水気のある場所に植栽する。花を付けるには日照も必要なので、午前中は日向に、午後は日陰になるような場所がよい。

お手入れ・メンテナンス
水の管理に注意が必要。常に地表に湿り気があるように水やりを行う。

ササユリ

ユリ科／多年草

［分布］
本州（中部以西）
四国・九州

［花・実のなる時期］
【花】6月～7月
【実】－

［日照］
半日陰（春先は日が当たる場所がよい）

特性・植栽のポイント
肥料分が少なく、排水性のよい酸性の土を好む。落葉樹林下など、夏場は半日陰で、春に日が十分に差し込む場所に植栽すると花が付きやすい。

お手入れ・メンテナンス
通年で適度な湿り気を保つ。日照を確保するため、休眠期は周辺の草刈りを十分に行う。

シモツケソウ

バラ科／多年草

［分布］
本州（関東北部・長野県・山梨県）

［花・実のなる時期］
【花】7月～8月
【実】－

［日照］
日向～半日陰で育てる

特性・植栽のポイント
植え付け適期は秋（寒地の場合は春）。植え付け時に緩効性肥料を与える。庭植えの場合、10～20cmほど土を盛ってから植えると、生育がよい。

お手入れ・メンテナンス
表土が乾き始めたら水やりを十分に行う。バッタ類が葉を食べてしまうことがあるので気を付ける。

シライトソウ

シュロソウ科／多年草

［分布］
本州（秋田県以南）
四国・九州

［花・実のなる時期］
【花】5月～6月
【実】－

［日照］
半日陰で育てる

特性・植栽のポイント
夏に日陰になる場所を選んで植栽する。同じような環境を好む他の植物を周囲に植えて、表土の乾燥を抑えるとよい。

お手入れ・メンテナンス
表土が乾燥しないように気を付ける。乾き始めたら水やりを十分に行う。

セツブンソウ

キンポウゲ科／多年草

［分布］
本州（関東以西）

［花・実のなる時期］
【花】2月～3月
【実】－

［日照］
早春から開花までは日向、開花後は半日陰

特性・植栽のポイント
基本的に耐暑性が弱く、夏の暑さは苦手な半面、寒さには非常に強く、霜などで枯れることも少ない。冬はできるだけ日光に当てるのがよい。

お手入れ・メンテナンス
水やりを十分に行うが、過湿には注意。休眠期には水を与えなくてもよい。

バイカオウレン

キンポウゲ科／多年草

［分布］
本州（福島県以西）

［花・実のなる時期］
【花】2月～3月
【実】－

［日照］
半日陰で育てる

特性・植栽のポイント
糸状の地下茎が四方に広がってそこから葉を出すので、環境に適応すれば株が増える。冬に霜や寒風を避けられる日当たりがよい場所を好む。

お手入れ・メンテナンス
水を好む種であるが、過湿は根腐れの元になるので、土が乾いてから水やりを行う。

ホタルブクロ

キキョウ科／多年草

［分布］
北海道（西南部）
本州・四国・九州

［花・実のなる時期］
【花】5月〜6月
【実】－

［日照］
半日陰〜日向で育てる

特性・植栽のポイント
地下茎で容易に増え、背丈も高くなる。日の当たる環境のほうがよく育つため、落葉樹の下などでも日が当たりやすい場所に植栽するとよい。

お手入れ・メンテナンス
水やりは十分に行う。ただし、休眠期は回数を抑え、やや乾燥ぎみにする。

ヤブレガサ

キク科／多年草

［分布］
本州・四国・九州

［花・実のなる時期］
【花】7月〜10月
【実】8月〜11月

［日照］
半日陰で育てる

特性・植栽のポイント
深い切れ込みのある葉が特徴。主に樹林地の林床に生える種で、日当たりのよい場所を好まない。木陰のできる落葉樹の根元などが最適。

お手入れ・メンテナンス
夏場は頻繁に水やりを行うか、日除けをつくるなど、高温や乾燥を避ける工夫・配慮が必要。

ヤマラッキョウ

ユリ科／多年草

［分布］
本州（栃木県以西）
四国・九州

［花・実のなる時期］
【花】9月〜10月
【実】－

［日照］
明るい環境

特性・植栽のポイント
日当たりと風通しのよい場所に植栽する。食用のラッキョウやニラのような香りは少ない。冬は地上部が枯れることを考慮する。

お手入れ・メンテナンス
乾燥に強いので、表土が乾いてから水やりを行う。こぼれ種で増えるので、増えすぎたら間引く。

ユキモチソウ

サトイモ科／多年草

［分布］
本州（静岡県・奈良県・三重県）・四国

［花・実のなる時期］
【花】3月〜4月
【実】－

［日照］
半日陰で育てる

特性・植栽のポイント
冬の寒さには強いが、夏の暑さや日差しには弱いので、半日陰の水はけのよい土壌に植栽する。植え付けは10月頃にするとよい。

お手入れ・メンテナンス
水を十分に与える。特に葉が枯れた後の休眠期にも、土を乾かさないように水やりを行うとよい。

キツリフネ

ツリフネソウ科／1年草

［分布］
北海道・本州
四国・九州

［花・実のなる時期］
【花】6月〜8月
【実】－

［日照］
半日陰で育てる

特性・植栽のポイント
樹木の下や湿り気のある半日陰に植栽する。1年生草本のため、採り播きしても発芽する（播種後、乾燥しないように注意する）。

お手入れ・メンテナンス
水やりを十分に行うが、過湿には注意。種から育てる場合は乾燥に注意し、生育期に置き肥を行う。

【編集協力】
+plants（アドプランツコーポレーション）
滋賀県大津市大石龍門4-2-1 寿長生の郷内
Tel 075-708-8587

ガーデン和光
兵庫県宝塚市長尾町16-2
http://www.garden-wako.co.jp/

古川庭樹園
大阪府南河内郡河南町馬谷2
http://www.teijuen.com/

【写真】
井上 玄（p.A-07 コバンモチ）
上田 宏（p.A-10 コナラ、p.A-11 ヤマモミジ）
表 恒匡（p.A-14 フェイジョア）
杉野圭建築写真事務所
（p.A-08 マツラニッケイ、p.A-12 オリーブ、p.A-13 ヒゼンマユミ、p.A-15 オオデマリ、p.A-40 ハイゴケ）
関根 史（p.A-07 ソヨゴ）
三井不動産（p.A-17 アオキ）
Gakken／amanaimages（p.A-28 バイカツツジ）

Index.

索引

あとがき

No Green, No Life.

緑なしでは暮らせない。
本書をつくり終えて、改めてそう感じています。

荻野さんの本をつくりたいと思ったのは、4年前。「造園は、町を森に戻していく作業」という言葉を聞いて、私もその作業を手伝いたいと強く思ったのを覚えています。荻野さんは、ほんのわずかなスペースにも木を植え、花を添え、石や砂利を敷き、苔や下草で足元を覆う――いわば小さな森をつくります。それがたとえ住宅1軒の小さな点であったとしても、点と点がつながれば線となり、やがて面となって町が森になる。そんな光景が頭の中で鮮明にイメージできました。現在の日本の殺風景な町並みに緑の点を増やしていこう、そのための本をつくろうと思ってできたのが、本書『荻野寿也の美しい住まいの緑85のレシピ』です。

この4年間には、荻野さんに造園を依頼する建築家や工務店の方々から話を聞く機会がありましたが、みなさん、緑なしでは住宅を考えられなくなっていました。

No Green, No House!

それは緑の力に魅了されただけでなく、荻野さんの情熱に心を動かされたからではないかと思っています。

「ここに緑があったら、気持ちええやろ？」
「目線の高さに花が咲くものを入れて！」
「町にも緑をおすそわけしてね」

荻野さんの造園は、「自然に癒される」とか「木陰が気持ちいい」という誰もがもっている感覚に、ストレートに訴えてくるものです。荻野さんと出会って、住まいの造園とは芸術や趣味趣向の表現のためではなく、日常生活にそっと癒しを添える、思いやりのしつらえであるということを学びました。

本書には、そんな荻野さんの思いやりのレシピをどこからでも読めるように85に分けて紹介しています。1つずつでよいので、やれそうなことを見つけて取り組んでみてもらえたら嬉しいです。

日本のあちこちに
緑の美しい庭がつくられて
その隣、そのまた隣へと緑の連鎖が生まれ、
家にいても、町に出ても
緑に癒される暮らしが
私たちの当たり前になりますように。

2017年4月　編集　木藤阿由子

荻野寿也（おぎの・としや）
1960年大阪府生まれ。1999年自宅アトリエが、第10回みどりの景観賞（大阪施設緑化賞）を受賞。以降、独学で造園を学ぶ。2006年設計部門として荻野寿也景観設計を設立。原風景再生をテーマに造園設計・施工を手がける。2015年三井ガーデンホテル京都新町 別邸が、第25回日本建築美術工芸協会賞（AACA賞）優秀賞共同受賞。2012年より伊礼智の住宅デザイン学校講師

荻野寿也の「美しい住まいの緑」85のレシピ

2017年4月27日　初版第一刷発行
2021年12月21日　第七刷発行

著者
荻野寿也

発行者
澤井聖一

発行所
株式会社エクスナレッジ
〒106-0032
東京都港区六本木7-2-26
https://www.xknowledge.co.jp/

編集
電話：03-3403-1343
ファックス：03-3403-1828
e-mail：info@xknowledge.co.jp

販売
電話：03-3403-1321
ファックス：03-3403-1829